让女孩
像女孩那样长大

王丽（多多黛）著

中国出版集团 现代出版社

图书在版编目（CIP）数据

让女孩像女孩那样长大 / 王丽著. -- 北京 : 现代出版社, 2019.3

ISBN 978-7-5143-7677-7

Ⅰ. ①让… Ⅱ. ①王… Ⅲ. ①女性－家庭教育 Ⅳ. ①G78

中国版本图书馆CIP数据核字（2019）第044043号

著　　者　王　丽
责任编辑　袁　涛
出版发行　现代出版社
地　　址　北京市安定门外安华里504号
邮政编码　100011
电　　话　010-64267325 64245264（传真）
网　　址　www.1980xd.com
电子邮箱　xiandai@cnpitc.com.cn
印　　刷　三河市金泰源印务有限公司
开　　本　710mm × 1000mm　1/16
印　　张　16.5
字　　数　235千字
版次印次　2019年6月第1版　2019年6月第1次印刷
标准书号　ISBN 978-7-5143-7677-7
定　　价　39.80元

CON 目录 TENTS

第一章
其实，我们不懂女孩

第二章
理解女孩

第三章

女孩区别于男孩的“特权”

第四章

妈妈的教养，影响孩子的一生

第五章

好好做父亲，给予女儿真正的关爱和指导

第六章 性格决定命运，从现在起给孩子一个好性格吧

第七章 培养女孩的好习惯，比分数重要百倍

第八章 情商教育，不可或缺的人生课

第一章

其实，
我们不懂女孩

女孩真的需要富养吗?

01

受朋友邀请去她的新家做客。新房子很气派，140多平方米，三室一厅。主卧有60多平方米，特别宽敞，让我吃惊的是，主卧的装修风格和其他房间的风格完全不同，不仅看上去高档很多，而且特别用心。

原来，主卧是她女儿的房间，里面有宽大的榻榻米、懒人沙发，书桌和柜子的款式也特别新颖，说是韩国进口的。据说当时逛家具店，只是看到了一张图片，她女儿就特别喜欢，指定要这款，她和孩子爸爸就想办法弄了回来。房间里还有一面墙上挂着各种各样的毛绒玩具，曾听朋友说过，她女儿是“毛绒玩具控”，今天见到了，我真的是开眼了。露台上有一架木制的秋千，还有各种各样的多肉盆栽，我看了一下，还不是普通的多肉，价格都比较贵。

朋友解释说，这些都是丫头自己挑的，老板还夸她眼光好，因为挑的都是品种稀有，又比较难养的多肉。

我这个朋友家，一家三口，爸爸负责赚钱养家，妈妈负责带娃，娃呢，负责快乐就好。

为什么一套房子会有两种装修风格？因为经济条件不允许，女儿的一个房间装饰下来，花了将近10万元。

看着我目瞪口呆的样子，朋友说：“女儿嘛，总得富养着，别以后男人给点小恩小惠的，就把她骗跑了。”

可怜天下父母心，一切都是为了孩子。从朋友这个观点出发，我想和养育女孩的家长谈一谈关于“富养女孩”这个话题。

02

古训说，“从来富贵多淑女，自古纨绔少伟男”。

关于富养女孩，好像很多家长都误解了。

带女孩去体验各种生活，这并没有什么不好。但是，如果为了富养女儿，而去刻意满足她们所有的物质需求，做法还是过于极端。

无论如何富有，只要不是世界首富，就总会有一些东西是你没有办法满足孩子的。

单纯用物质去富养女孩，让孩子太容易得到自己想要的东西，可能她就很难学会珍惜和感恩，更难体会别人的辛劳。其实，在这一点上，无论是男孩还是女孩，都有可能产生这样的心理。

朋友说，有个周末，说好一家三口一起出去玩，结果爸爸临时有事，就把她和女儿安置在一家商场，让她们逛一逛，等谈完事再过来接她们。

当时，因为着急出门，钱包忘记带了，而那时手机支付还没有流行，女儿看上了一个毛绒玩具，无论她怎么解释，说自己忘记带钱包了，付不了钱，等爸爸来了再买，女儿都不依不饶，说自己想要的东西必须得到，在人家商店门口足足哭了半个多小时。当时，商场的阿姨打趣道：“妈妈不买，你就跟阿姨吧，阿姨送你。”

朋友以为女儿会拒绝，却没有想到，女儿点点头，小小的身子就移了过去。

早已习惯事事都被满足，偶尔一次的不满足，她就接受不了，在她的想法里，这是你不爱她的表现，或者你买不起这个东西，我就要想其他的办法得到它。

如此这样“富养”女孩，你只会得到一个膜拜金钱、爱慕虚荣的孩子。

03

富养的目的，是让女孩成长为自信、高贵、独立的优秀女性，是一个不管处在什么生活境况里，都有能力让自己幸福的人。

富养女孩，主要是从小培养她的气质，开阔她的视野，增加她的阅世能力、增长她的见识。这样被富养出来的女孩，见多识广、独立、有主见、有智慧，清楚自己的欲望和追求，等到成年以后，她们才不会轻易被浮世的繁华和虚荣所诱惑。

那么到底该如何富养女孩呢?

尊重女孩

在养育女孩的过程中，有一种富养，叫作“尊重”。

我女儿诺诺，小时候从来都不会“贪”，比如，有家长分享食物，她每次只会拿一个。去超市，遇见有食品在做免费品尝活动，是她感兴趣的就尝，不想吃的，她从来不会为了贪便宜而去拿，当然，我也不会强迫她。

但我就遇见过一些家长，明明孩子不喜欢吃，却强迫、诱导孩子去品尝，还告诉孩子“这些是不要钱的”。

在这样的教育理念下，女孩的选择和行为会被家长左右，长大以后，很难成为有主见的人。

多鼓励女孩

鼓励，也是家长们需要“富足”地供给女孩的营养。

在女孩的成长过程中，来自身边人的肯定和认可，是她们将来自信、独立、坚强、追求卓越的动力。

诺诺3岁左右的时候，到了绘画的敏感期，经常拿着画笔到处画，我给她买了一包A4的纸，专门让她“乱画”。每一次画完，她都会告诉我画了什么，那些“抽象派”的线条，如果不是她说，真的很难看出画了什么，但我都会鼓励她：“你今天比昨天画得好一点了，继续加油。”

有了这些鼓励，加上自己的兴趣，女儿画画一直坚持到现在，目前在专业的绘画班里接受正规的教育，已经可以独立作画。心情不好的时候，她会通过画画来释放自己的情绪。

对女孩多“负责”

“负责”的意思是让家长给予女孩更多的关注。

孩子遇见了难以选择的情况，或者对一件事情无从下手的时候，家长切勿敷衍她们，或者只是简单地说一句“随便怎么选，你高兴就好”。

放任不等同于尊重，该“负责”和提意见的时候，家长不能撒手不管。在女孩需要排忧解难、得到一点意见的时候，父母无条件的关注，也是一种“富养”的态度。

在女孩犹豫不决、左右为难的时候，家长陪伴在她身边，给她一些选择性的建议，同时也是在给予她力量和自信。

不吝“负责”的父母，才能培养出自信、落落大方的女孩。

女孩需要“富养”，不是物质上无止境地满足，而是用聪明的爱，让她们成长为有幸福力和创造力的女孩。

在3岁前，女孩被这样“富养”，对于她们安全感的建立有极大的好处。在3岁之后，这样的“富养”，让女孩更加独立、有自己的判断力，成为一个内心充盈，又有主见和想法的女孩。在以后人生的大是大非上，才能有自己的态度和选择。

就拿我女儿来说，到了3岁之后，诺诺的好奇心越来越强，经常会问一些莫名其妙的问题。比如，为什么飞机能飞上天？为什么天上会有星星？下雨天，太阳去哪儿了？

有的问题真的会难倒我。但是，为了不打击她的好奇心，也是为了让她知道妈妈是真的不知道，会和她一起去找答案。我会带她去图书馆，在书中找寻答案。

在超市，她会为了选择哪个颜色的玩具而烦恼，我会给她提意见，而从来不会催促或者是替她做主。

这也是诺诺一直很独立、有主见的重要原因。只有被爱“富养”的女孩，才有足够的勇气和能力，去面对以后人生的风雨和坎坷。

女孩的强项和弱项

01

相对于男孩来说，女孩有自己的强项，也有自己的弱项。

首先，染色体上，女孩和男孩就不一样。

人体每个细胞里有23对染色体，其中包括22对常染色体和1对性染色体。男孩和女孩的常染色体是一样的，区别在于性染色体。

男孩的性染色体是由X和Y组成，而女孩是由X和X组成的。

女孩的这两个X染色体，让她们变得“富有”，因为X染色体的遗传因子是积极的，它让女孩更容易表现出积极、乐观、勤劳的特性。

其次，脑部结构发育。

女孩的大脑在发育上领先一步。当女孩还是一个胎儿的时候，她们的大脑已经开始发育了。随着年龄的增长，不论是女孩大脑内的纤维素体积，还是大脑皮层的枕叶，以及海马体的发育，都要比男孩的更大、更快、更活跃。

正因为这些脑部结构发育，给女孩带来了另外一个优势，让女孩的触觉、嗅觉更为敏锐，内心世界也比男孩更加感性，记忆力也更好。

说女儿是贴心的小棉袄，这一点毫不夸张。在养育女孩的过程中，我也发现了，女孩的个性相对更乖巧听话，善解人意，可是，她们又非常脆弱，爱哭爱生气，胆小怕事，对于自己不喜欢的事，很难拒绝。

她们和男孩有着天壤之别，关于这一点，养了女儿又养了儿子的我，真的是深有感触。

在生活中，诺诺绝对是一个好的小帮手，在我忙碌的时候，她经常会主动过来搭把手。学习上，基本不让我操心，只要见过她的人，都夸奖她懂事。而弟弟呢，简直就是上天派来给我“不一样体会”的小恶魔，从会爬开始，他就“负伤”不断，只要他突然安静3分钟，必定是在“作妖”，把衣服扔进马桶里“洗”，把米粒当沙子玩。

一个养了女儿的朋友跟我吐槽，说养了女儿，感觉自己必须变得强大才可以，两个女儿不仅胆小，而且特别玻璃心，活生生把她这个曾经的小仙女逼成了“女汉子”。

但是，在她生病或者不舒服的时候，两个女儿简直就是左膀右臂，一个负责拿药，一个负责递水，还顺带给她捏捏肩，捶捶腿，这种暖心的感觉，绝对是养儿子的家长体会不到的。

对于女孩来说，她们有自己的强项，也有自己的弱项。

女孩的强项在哪里呢？

懂事体贴

女孩的大脑处理血流的总量比同龄男孩普遍要高出15%，同时女孩的胼胝体能容许两个大脑半球间进行更多的交叉信息处理，因此，女孩更懂得体贴他人。

听觉能力更强

女孩在颞叶中拥有更强大的神经连接，促进了更多复杂的感知记忆的储存，以及更好的听力，所以女孩对声音的语调特别敏感。

这也是女孩在上幼儿园的时候更容易专心听讲的原因。对于父母说的话更容易听得进去，并且能记住。

在日常生活里，玩游戏及进行各种体育项目的时候，女孩一般不会选择高难度和危险的项目，因为对于父母叮咛和嘱咐过的事情，她们能更加敏锐地捕捉到，主动规避危险，也就让她们更加安全。

语言能力更好

小女孩的颌叶发育早，思想更活跃，同时女孩大脑中主要的语言中心发育得更早更发达，因而语言能力较强，喜欢阅读、表达等学习方式。

这也是为什么我们平常经常说女孩嘴甜，总能说一些让人舒服的贴心话，懂得关心家长。

情感能力

女孩的大脑海马记忆存储方式是由点面结合的，女孩大脑中有更多范围的区域专门负责语言功能、感知记忆、静坐、倾听、语调和神经交叉串话，因而能理解和处理一些相对复杂的事情。

她们大脑中负责表达和处理复杂情感（如忧伤和幻想）的区域更发达，因而更容易理解和感受别人的情感。

依据以上的女孩具有的强项，在对女孩的教育中，父母就应该注意多发挥女孩的这些长处，比如，女孩的语言能力发育早，可以多讲故事给她们听，这会让她们的语言表达更丰富。

诺诺晚上睡觉前，必听睡前故事，而她最喜欢的就是白雪公主的故事。

有一次，在武汉回合肥的车上，为了打发时间，我让她讲故事给我们听。她基本上是一字不落地讲完了白雪公主的故事。

从那以后，我就开始引导她背古诗，或者是读一些优美的散文给她听。这个习惯保持了很多年。在她三年级写作文的时候，老师对她作文中优美的句子赞不绝口。

02

不过，相对于男孩来说，女孩也有她们的弱项。

敏感脆弱

因为听觉能力更强，女孩对外界的情绪依赖更强烈，这也导致她们有可能比男孩更加脆弱和敏感。

有一次，带孩子们在小区广场里玩，孩子们一起玩游戏，家长们就在一旁聊天，顺便吐槽自己家的娃。

有两个男孩妈妈说自家孩子精力旺盛，而且，破坏力极强，让人头疼不已。一个女孩子的妈妈，说自己女儿太爱哭了，当她还准备往下说的时候，我碰了她胳膊提醒她不要说了，因为她的女儿正在气呼呼地盯着她。

而那两个男孩，丝毫没有注意到自己被妈妈吐槽。

空间思维能力有局限

法国有一项针对两对孩子的对比研究，就是让同等数量的男孩和女孩用积木搭出一座桥，结果，只有8%的女孩完成了任务，却有21%的男孩完成了任务。

女孩的空间思维能力较弱，这一点从儿童时代到成人阶段，都有明显的表现。

其实，思维能力也是可以锻炼的。

比如，积木玩具就可以培养锻炼女孩的空间思维能力。在搭积木之前，家长可以引导女孩先想好自己要搭什么，或者先观察图纸，思考用什么样的积木，如何才能一步一步地完成整个搭建。

这个过程，对于女孩的想象力、结构思维能力及造型能力都是一种很好的锻炼，也能发展女孩的空间知觉和创造力，以及组织力和理解力。

我的女儿诺诺从3岁开始玩拼插的积木，一盒子积木放在那儿，随便她怎么玩。后来，玩的次数多了，她就开始自己拼造型，给芭比公主“盖”房子，搭衣帽间。

父母可以给女孩购买颜色偏鲜艳的积木，这样更容易引起她们的兴趣。

有研究表明，空间思维是预测在STEM（科学、技术、工程、数学）方面能力的重要指标，“数感”和空间思维的发展紧密联系在一起，早期的空间思维能力可以预测孩子长大后在数学方面的表现。

所以，父母平时可以对女孩多进行一些空间思维能力的锻炼。

动作能力弱

有研究发现，女孩大脑部分比同龄男孩表现得迟缓，尤其是小脑，而这一部分是负责运动技巧的。

女孩在空间感上的劣势，使得她们运动能力要比男孩发展更晚，在奔跑和跳跃上，要比男孩晚3～4个月。这也就造成了女孩在大运动上的动作能力比较差。

对于这一点，父母可以适当地鼓励女孩参与一些体育运动。

有时，我做家务不小心磕碰到手脚，一听见我的叫声，诺诺都会很快跑过来，关心地问我怎么了，还会叮嘱我小心一点。这时我的内心都是暖暖的，被关心和疼爱的感觉真的很好。

但是，我也发现了诺诺的缺点，当她做错了某件事，我还没有开口说话，她就似乎已经知道自己错了，默默低下头，再过一会儿就会抽抽搭搭地哭起来。

一般不是很严重的错误，我就会让她一个人待一会儿，再和她沟通刚刚的问题。她哭，并不是为了逃避问题，而是因为自己犯了错，给我带来了麻烦和不开心，她才难过。所以，我对她的态度基本上是温柔批评，申明我的原则，只要她承认错误，愿意改就好，绝不吼叫或者体罚，因为这样会让她身心受到伤害。

由于女孩具有这样的特质，在教育手段上，父母可以采取“低声教育”的方式，切忌采取吼叫等粗暴的方式。可能一开始会有点难度，但什么时候开始都不算晚，毕竟养育女儿是父母一生的事情。

敏感的女孩，需要父母更多的爱

01

有一次，我和诺诺爸因为“回谁家过年”这个老生常谈的问题争辩了几句，不自觉声音大了一些，却没有发现诺诺一直躲在被窝里。

而且她一直在哭，并不是大声哭，而是在抽泣，等我和诺诺爸平静下来的时候，才发现这个小可怜蜷缩在被窝里，满头大汗，一脸的泪水，一副楚楚可怜的模样。这让我和诺诺爸都特别后悔，因为没有注意自己的情绪而吓着了女儿。

诺诺个性敏感，所以在养育的时候，我们会特别注意，怕伤了她这个“娇嫩”的敏感女孩。敏感的女孩，就像是折翼的天使，需要父母更多的爱，让她们长出完美的翅膀，有能力独自去飞翔。

相比男孩，女孩的触觉、感觉、味觉、嗅觉和听觉都要敏感许多，尤其是触觉。

你会发现，女婴喜欢被抱着，在家人的怀抱里判断自己的重要性，建立安全感和亲密感，之所以会这样，也是由她们的敏感所决定的。

在平时的生活里，敏感的女孩都会有一些什么表现呢?

容易感受到外界变化

有些女孩去到陌生的地方会很不适应，没法好好吃饭、睡觉，特别不愿意接受自己不熟悉的事物。

情绪化

与小朋友的相处中，经常会感觉到委屈、焦虑，甚至哭闹，严重敏感的，还会动手打人。

心思细腻，察言观色

如果父母说话声音稍微大点，就以为父母生气了，或者在吵架。做事情也会非常小心，从来不会去冒险，做自己没有把握的事。

偶尔，我和老公因为一件事发生了意见分歧，在争辩的时候，声音大了一点，诺诺就会警惕地问：“你们是吵架了吗？”

即使很多次我都说：“没有，爸爸妈妈只是在讨论问题。”但是，下次遇见这种情况，她还是会问。她说她其实是担心我们吵架，据我观察，确实是这样。

害怕陌生人

在陌生人面前会更加敏感，不敢大声说话，甚至逃避，躲在角落或者房间里不肯出来。

诺诺从小到大，只要家里的门铃响了，从来不是第一个主动去开门的人。但是，弟弟拿了话筒就会很热情地问：“你是谁啊？”

弟弟去开门的时候，诺诺一般都是回到自己的房间，还会轻轻地把门关上。

经不起批评

大人只要说话语气稍微重了点，有的女孩就会以为是在批评自己，会抽泣。还有些女孩，会因为大人一句批评而吃不下饭，睡不着觉。

有朋友说我是重女轻男，偏心。儿子犯错时，我的态度很严厉。对诺诺却很“宽容”，指出错误，点到为止。朋友还劝我要一碗水端平，避免以后儿子会伤心。

其实，之所以会有这样的“不一样”，是因为诺诺每次在犯错后，很快就会认识到错误，低着头，默不作声，实在是不忍心去批评，一旦我说了一些比较重的话，她还会哭。所以，只要不是原则性的错误，我一般都只告诉她错在哪里。

而我儿子，因为年龄小，又调皮，而且一犯错就找各种借口推卸责任，所以我才会对他稍微“凶”一点。

偏内向

敏感的女孩，通常人际交往能力也较差，不敢主动与人交流，喜欢独自安静地做自己的事情，依赖性强，不愿表达自己的要求。

敏感是女孩的天性，不过并非女孩的“专利”。

美国著名临床心理学博士Elaine Aron在《发掘敏感孩子的力量》一书中，从自己上千个采访案例中估算出一个数据：敏感人群占人数的20%，而这些敏感的人当中，有80%的人出生在一个“不敏感”的家庭中，也就是说，在这种家庭中，只有孩子敏感，而家长并不敏感。

之所以提供这个数据给家长，是想说有些女孩个性的敏感，与家长的教养方式有一定的关系。家长一定要注意，避免自己的行为教出一个敏感的女孩；

对于本来就有一个敏感的女孩的家长来说，更加需要注意给予女孩更多的爱。

02

家有敏感女孩，如何做才能给孩子更好的呵护呢？

放轻松

敏感的女孩很容易感受到父母的情绪，焦虑的父母会让孩子处在一种不放松的状态里，让她们变得更加紧张和胆怯。

再者，焦虑的情绪也会传染，对于敏感的女孩来说，这会使她们幼小的心灵蒙上一层“雾霾”，很难见到阳光。

有时，我会故意和老公开玩笑，你打我一下，我挠你一下。儿子呢，是个人来疯，常常是不请自来，参与我们的玩笑，还会拉着姐姐一起。

在轻松自如的环境中，我发现诺诺也会比较放得开。而且，渐渐对于我和爸爸的聊天也不再那么在意，偶尔我们两个在争辩问题，她还会说：“我要写作业，你们小声一点。”

看到诺诺这样的变化，我还是很欣慰的。毕竟敏感对于女孩来说，虽然算不上缺点，但是会让孩子容易忧郁，多愁善感。

温馨的家

吵闹的环境会让敏感的女孩非常焦虑，让她们更加敏感。保持家庭氛围的和谐，父母不当着孩子的面争吵或者是争论。

孩子哭的时候，不要对她们大吼大叫，保持安静，耐心安慰她们，平复她们的情绪。

我也是一个敏感的人，小时候，我最怕的事就是我爸妈吵架。记得有一次爸妈不知道因为什么吵了起来，当时，妈妈对着我吼，让我去大舅家喊人。被她这么一吼，我只会哭，我越哭妈妈越是对我吼，后来，还是弟弟反应快，把大舅喊了过来，平息了这么一场“战争”。

但是，自从那一次以后，每一次爸妈吵架，我都会不由自主地哆嗦。

父母吵架总有和好的时候，可是，对于敏感的女孩子来说，心里的裂痕可能需要很久的时间才能愈合，或者根本无法愈合。

倾听孩子的内心

敏感的女孩在生活中需要更多的关注，可能在家长根本不知道的情况下，女孩就生气了，难过了，甚至无理取闹，在这些“不可爱”的行为背后，通常都是女孩在呼唤父母更多的关注。

蹲下身，拥抱她们，引导和鼓励她们说出心里话：“你怎么了？”“是不是希望妈妈抱抱你？”“如果你想和我说什么，妈妈会认真听的。”

当孩子说出了自己的内心话，家长要先回应她们的情绪，比如：“这的确让人有点难过。”接着可以告诉她们，应该怎么去处理。比如，孩子因为自己的玩具不小心被你丢掉了而难过，你可以解释：“对不起，妈妈不是故意的，下一次，你把玩具放在收纳玩具的地方，或者提醒妈妈小心一点，就不会发生这样的事了。”

先回应她们的情绪，再进行引导，会让她们更容易接纳你的意见，听从你的安排。

父母能读懂孩子行为背后的情绪，给予理解和接纳，对于敏感女孩来说，是最好的疼爱方式。

多出去走走

增加女孩的户外活动，让她们接触到更多的人，在这个社会化的过程中，提高女孩自我调节及与人交往的能力。对于敏感的女孩，家长要多一些耐心，多鼓励和帮助她们，给予她们支持和勇气。次数多了之后，她们就会积累更多的交往经验，对于她们以后的人际关系是有帮助的。

每个周末，我都会带着两个孩子去公园放放风。不在乎风景，只在乎开阔的环境带给孩子们的那种舒适感。

也只有在公园散步的时候，诺诺才会跟我聊学校的一些事情，说说同学之间的趣事，或者一些学习上的烦恼。而在家里，她写作业，我忙家务或写稿子，基本上很少有交流。

女孩的敏感，很多是先天气质的原因。敏感的女孩更细心，情感也比较丰富，乖巧听话，这都是难能可贵的优点。

对于她们的“敏感”，家长在理解和接纳的基础上，用一些她们可以接受的方式，去改善一下她们的敏感度，是可以的。但是，一切都要以尊重孩子的意愿为前提，不能盲目或者强行要求孩子改变，如果激起了孩子内心的抵触，可能会造成适得其反的结果。

一个轻松、温暖的家，才会养出一个活泼、可爱的女孩。

重视女孩的性别教育

有一天早上，我像往常一样，送诺诺去上幼儿园，可是，我们刚吭哧吭哧从五楼爬下来，她就跟我说要拉臭臭。这时，二楼的奶奶迎面走来，听见诺诺说要拉臭臭，热心地说：“就在树根下面拉吧，还可以给树当肥料。”

诺诺虽然憋得小脸通红，还是用手拉着我的衣角，小声地说：“妈妈，我要回家去卫生间拉臭臭。”

说实话，我挺欣慰的，这证明我平时的教育发生了作用。

其实，这源于有一次诺诺问我：“妈妈，我看见有些男孩子在外面尿急了找不到厕所就在大树底下尿尿，我也可以吗？”

我告诉她：“不可以，你是女孩子，要特别注意保护自己的身体，隐私部位绝对不能让别人看到。另外，不管如何，在外面方便都是不文明的行为。下次你要注意提前跟妈妈说，这样妈妈可以提前带你去找洗手间，或者出门前，尽量在家方便完再出去，明白了吗？”

平时我也很注重跟诺诺灌输这样的观念。为什么？

因为性别教育对于女孩来说特别重要。

心理学研究表明，孩子的性别角色意识从3岁以后就开始建立了。当然，真正形成性别角色意识是在孩子进入青春期之后。

对女孩进行性别教育，让她们知道男女有别，对自己的性别有一个正确的认识，这也将影响女孩能否安全度过青春期，最终形成健康的人格。

在女孩3岁以后，你会发现她开始对自己和别人的身体感兴趣，“为什么她的咪咪那么小”，“我是从哪里生出来的”，“天气那么热，为什么我不可以只穿短裤”……

当家里的女孩开始问及这些问题的时候，也就是对她们进行性别教育的最好时机。

把握最佳时间

3～6岁是对女孩进行性别教育的最佳时机。

这个时间段的女孩，自我意识开始萌芽，家长可以告诉她们平时生活中应该注意的一些事。比如，男孩女孩身体构造的区别，哪些部位不可以让别人碰触，不能随便掀开衣服，必须在卫生间方便，等等。

不混淆性别打扮

身边有一个朋友，总喜欢给女儿买一些款式简单、深颜色的衣服，女儿的头发也被剪得很短，要不是熟人，知道她家孩子是个女孩，乍一看真的难以分辨出性别。

问及原因，这个朋友说自己平时太忙了，之所以老给女儿买深色的衣服，是因为耐脏，洗起来不费劲；给女儿剪短头发，则是因为好打理，不用花时间天天给她扎辫子。

其实，这种做法特别不可取，过于男性化的女孩，不仅会遭受到小朋友们的排挤和捉弄，从而产生内向、孤独、胆小、忧郁的性格特征，还会影响她们对自己性别的辨识。

家长不能因为自己忙或者个人审美口味，就强行干扰女孩的装扮，要允许孩子发展自己与生俱来的气质。

诺诺5岁的时候，我们带她去了香港。在迪士尼乐园她看到了很多自己喜欢的公主裙，特别梦幻，而那些裙子因为要做出立体感，所以材质并不是很舒服，可是，看到她眼里泛着的光，我还是满足她，给她买了一件。她穿着的时候，走起路来，就像是公主附体了，特别优雅、自信。

正面回答问题

诺诺所在的幼儿园，是不分男女厕所的。经常会遇见男生女生一起上厕所的情况。

有一次，诺诺问我："妈妈，为什么我们班的黄可飞用小鸡鸡尿尿，而我没有呢？"

我找到一本名叫《男孩和女孩》的绘本，跟她解释男孩和女孩的身体有什么区别，既满足了她的好奇心，也给她进行了科普。

当女孩开始好奇自己的身体和男孩的身体有什么区别时，家长一定要正面解答问题，不要遮遮掩掩，更不用觉得不好意思，用平常的态度为她们解答。如果家长的态度闪烁其词，那会激起她们更大的好奇心，甚至会通过其他的途径去寻找答案。

对于这种幼儿园不分男女厕所的做法，其实未必是坏事，因为孩子们可以在一种自然的状态下，对男女的性别差异和不同的生殖器官有所认识，促进她们对性别的认知。

妈妈是参照

妈妈的打扮和形象，会直接影响女孩对性别的认知。

女孩对自己的性别认知，完全来自妈妈的引导和影响，如果妈妈不注意，无意识的差错可能会造成孩子的误解。

比如，诺诺3岁时在幼儿园度过的第一个儿童节，老师要求女孩穿裙子，男孩穿短裤。一直不太喜欢穿裙子的诺诺有点排斥，平时她不喜欢穿裙子，我也没有刻意去干涉，不过给她买的衣服我都会选择比较鲜艳的颜色，款式也都是适合女孩的。

不过，既然过节幼儿园统一要求，我就开导她，告诉她女孩穿裙子会很漂亮。她半信半疑地说："你也是女孩，为什么你不穿裙子呢？"

她的这句话，让我明白是自己平时疏忽了，我倒不是不喜欢裙子，只是觉得裤装通勤更方便，习惯了之后特意穿裙子的次数确实不多。后来，我把衣柜里漂亮的裙子重新拿了出来，美美地穿着和诺诺出去玩。当诺诺夸奖我"妈妈，你穿裙子真好看"的时候，我知道，一颗新的种子在她心中发芽了。

对女孩进行性别教育的意义

专家指出，对女孩进行正确的性别角色教育是非常有必要的，这不但关系到女孩日后正常的社会交往及恋爱、婚姻、家庭生活，还会影响其心理发展。

所以，父母要把握最佳时机，对女孩进行性别教育，传授给她们一些基本的生理知识，让孩子对自己对异性都有一个基本的认知。

一般来说，女孩进入3岁之后，会强烈地感觉到自己和异性的区别。这个时候，正是父母对女孩进行性别教育的好时机。

有一段时间，诺诺爸爸频繁出差，以至于陪诺诺的时间很少。爸爸回来之后，诺诺就一直让爸爸陪她玩，还提出了让爸爸给她洗澡的要求。

我果断地拒绝了她这个要求，并且告诉她，因为你是女孩子，爸爸是男孩子，所以你们不可以在一起洗澡。

刚洗完澡，裹着浴巾从卫生间出来，诺诺就迫不及待地喊爸爸过来陪她。

我再一次阻止："这样也不可以，你只有穿好衣服，才能让爸爸进来。因为你是女孩子，爸爸是男孩子。"

在穿衣服的时候，我趁机告诉她哪些地方不可以给别人看，更不可以让别人碰触。一旦有人碰了她的身体，要大声地阻止，或者寻求帮助。

经过反复的教育，上了幼儿园之后，她是唯一一个从来不在幼儿园的院子里小便的女孩子。而且，还告诉老师，因为外面有男孩子。

性别意识对女孩的成长也起着非常重要的作用，家长可以引导女孩在发挥自己“性别”优势的同时，多学习男孩身上坚强、开朗和探索等特质。

女孩子因为特殊的敏感和细腻，特别擅长手工。

诺诺上了幼儿园之后，我就找了一份工作，而幼儿园放学早，我没有办法按时接她放学，就给她报了幼儿园的手工兴趣班。

一开始，她特别喜欢，涂各种各样漂亮的画，送给身边的好朋友当礼物，还可以剪纸，贴在玻璃窗上，特别有成就感。可是，随着学习的东西越来越多，画画和剪纸都变得有难度，她就表现得不耐烦，说：“太难了，不想学了，没意思。”

而那个时候，朋友家的儿子正在学习轮滑。虽然老是摔跤，可是因为喜欢，他从来不会因摔跤而心情不好，而是会慢慢地摸索，如何让自己站起来，又如何让自己弯下腰可以滑走。

后来，这孩子找到了一个方法，就是穿着轮滑鞋在草地上走，这样摩擦力大，不会滑倒，而自己也可以很好地感受一下轮滑鞋，如何和它“相处”。

我就带诺诺去看朋友儿子练习轮滑，问她小哥哥是不是很勇敢，每次摔倒都自己爬起来，继续练。他都这样练了好几天了，还在练，因为他很喜欢轮滑，一定要学会。

诺诺嘟囔着：“他是男孩子，不怕疼。”

我告诉她女孩子也可以像男孩一样勇敢，比如，爸爸不在家的时候，妈妈也把漏水的水管修好了。很多事情，男孩子可以做到，我们女孩子也是可以的。

听了我的话，她点点头说：“我要变得像小哥哥一样厉害，不怕困难。”

对女孩进行性别意识教育，无须强行教会她们什么东西，而是灌输一种思想，让孩子知道我是女孩，我应该是什么样子，又应该做什么，最终养成一个女孩该有的品质和特性。女孩在充分了解自己的性别之后，明白自己和男孩的区别，也就会自觉地遵守属于女孩的规则，也会有意识去保护自己的权益。她们会明白界限感，懂得自己是一个女孩，什么事情可以做，什么事情是一定不可以做的。

第二章

理解女孩

为什么我家的女儿总是爱生气?

01

经常会有父母跟我诉苦："我家女儿太喜欢生气了，动不动就生气，有时感觉莫名其妙的，真不知道拿她怎么办才好。"

其实，对于女孩来说，生气是一件很正常的事，是她们情绪发展到了一定的成熟度，表现出来的一种基本情绪。但是，"爱生气"这个标签，是因为后天的家庭教育和教养方式被贴上去的。因为在生气的背后，往往是不被父母了解，情绪不被父母接受，心理上的问题得不到排解，久而久之，生气就成为一种恶性循环了。

比如，本来孩子想要一个玩具，你不愿意给她买，她觉得有点委屈，看起来不太高兴。你一看她那样子，也来气了，数落她家里一堆玩具都玩不过来还想买，连带着把她其他的坏毛病也拉出来批评了一番……最后，玩具没有买，她还挨了一顿批，可想而知，孩子的心情有多沮丧、多愤怒，表现的方式可能除了哭泣，还有发脾气，或者是扔东西。

当需求和感受一再被父母忽视，孩子就会频繁采用生气的方式来表达自己，而父母只看到了表面，觉得我女儿怎么这么爱生气。

02

当孩子生气了，父母可能会用“一点不如意就发火”“动不动就生气”这样的话去责备孩子，其实，这样的指责是毫无意义的，弄懂孩子为什么生气才是关键。比如，是要求不被满足还是被批评了？是因为没有买到喜欢的玩具，或是因为刚才摔了一跤，现在还有点疼……

只有了解了原因，才能找到突破口去解决孩子的情绪问题。

要求不被满足

孩子有些要求可能是合理的，因为父母本身的原因，却把它归为不合理。比如，孩子说好久没有去动物园了，这个周末我们去动物园玩儿吧，但是，父母可能已经有了其他安排。当孩子坚持的时候，父母可能会说，你怎么天天想着玩儿？这时候，孩子的合理要求似乎就变成了不合理的要求。还有些情况，是孩子的要求本身就不合理。比如，一再重复地买同类的玩具，或者天气很凉，她却要吃冰激凌……

不管是因为父母的原因而无法满足的合理要求，还是孩子的无理要求，父母拒绝的时候，都可以巧用一些方法。

比如：“妈妈觉得，这样做好像不太好……”

这种讨论的语气不会让孩子感受到简单粗暴的拒绝，会更愿意听你分析。

接着，你就可以把你的想法告诉孩子，比如：“妈妈有个建议……”然后提出你认为更加合理的方案。孩子的要求虽然被拒绝了，但她有了第二选择，这样情绪有了一个缓冲和冷静期，不会因为要求没被满足就直接爆发。

经常受到父母的负面评价

有些父母觉得不能经常夸奖孩子，怕孩子骄傲，于是习惯给予女儿负面评价，长此以往，造成女孩的自我评价很低，形成自卑心理。自卑的女孩会很容易觉得别人是在针对她、否定她，所以就会刻意通过生气来表现强大和自尊。

美国心理学家艾瑞克森的人格发展论中提出，孩子在发展主动探索时，若得到正面的赞赏，能够有效增强孩子的主动动机，有助于孩子发展健康的情绪；相反的，如果照顾者无法理解孩子的行为是在探索，而大量禁止或责罚，孩子便容易产生挫折感并延长负面情绪停留的时间。

心理学中的“破窗效应”理论，讨论的就是这种负面人格的养成。一个孩子如果长期处在被批评的环境下，就会像一所废弃的房子，本来只破了一扇窗，但没过多久，你再去观察，会发现其他窗户也都破了。

父母应该尽量避免对女孩进行负面评价，当孩子做错事了，不妨换一种方式去沟通。

比如，当她们犯错的时候，不要说“怎么又错了”或“这个错误你已经犯了好几次了”，而应说“下次一定会好的，加油”。

被忽视或不公平对待

女孩比较敏感，如果在家中感觉被忽略，或者受到不公平的对待，就容易有情绪、有脾气。

这种情况，容易发生在多胎家庭，尤其大宝是女孩的家庭。建议多胎家庭一定要针对孩子不同年龄阶段的需求给予满足，让孩子们感受到父母是爱他们的。

父母不倾听

一些家庭，常常什么都是父母说了算，孩子没有表达的权利，而且，父母很少关注孩子的意愿、感受和意见，这样的家庭环境，会让孩子生活得很压抑，也会习惯用生气来表达对父母的不满。

一个朋友的女儿，从小就特别有主见，可是，朋友觉得小孩子应该听大人的，就经常压制孩子的想法，于是，她那个特别有主见的女儿就渐渐变成了一个“气包子”女儿，因为她的想法经常被扼杀，很多自己想说的和想做的，根本没有办法去实现。

从上面的讨论中我们可以发现，女孩爱生气，背后其实有各种各样的原因，生气其实是一种情感的传递，是她们的“原始语言”，孩子在婴幼儿时期，常常会以生气这种强烈的情绪来表达需求和感受。

03

那么，当女孩生气了，父母该如何做呢?

理解和接纳孩子的情绪

在孩子生气的时候，父母要接纳孩子的情绪，蹲下身告诉她们：“爸爸妈妈知道你很生气……”

当孩子的情绪得到了父母的回应，对于他们来说，在内心里已经打开了一个疏通的通道。不要因为女孩生气了，就责备或者冷处理，而是要理解她们内心的感受，无条件地陪伴她们，让她们有安全感，让她们有机会表达自己的内心。

在这个通道里，女孩看到了父母的关注，才会卸下所有的“装备”，释放自己的想法。

释放情绪

父母会发现，当你蹲下来抱着女孩，或者跟她们说一句“妈妈知道”，换回来的往往是她们的大哭。其实，这是女孩在释放自己的情绪。

在孩子稍微平静下来之后，我们可以采取更好的办法，通过转移注意力或是运动使孩子释放情绪。

有一次，女儿诺诺想用手工材料做一个礼物送给姥姥当生日礼物。可是，忙活了很久，最后还是失败了，一个人待在房间里哭。

我问她：“怎么了，为什么哭啊？”

她低着头，沮丧地说：“没什么，我就是想哭，眼泪止不住。”

其实，诺诺是因为手工没有做好，心里产生了挫败感，她是用哭来释放挫败感带来的坏心情。

分析事件

等到孩子的情绪稳定，父母就可以帮助孩子分析令她们生气的事件，经过前面的铺垫，这个时候再进行分析和说教，孩子很容易接受。

比如：“你是不是因为没有搭好积木而生气？”

“这个拼图对你来说，有一点难度，是吗？”

听到爸爸妈妈这样说，孩子感受到爸爸妈妈是关注自己的，他们懂得自己为什么生气。

解决问题

陪着女孩把令她生气的事件从头到尾梳理一遍，分析问题的核心及触发她情绪的根源，引导她思考下次遇见类似的问题应该如何解决，并告诉她，生气一定不是最好的办法。

这里拿一个案例来说明这个过程。

一个女孩因为小伙伴弄坏了她的芭比娃娃而生气。

首先，父母可以走到她身边，温柔地说："妈妈知道你很生气。"其次，可以把她带到另外一个地方，问她是否愿意玩一个扔小石子的游戏。

孩子不愿意的话，父母也不要强迫，可以告诉她，妈妈这样做只是想让你开心一点。即使不愿意玩游戏，在听到这句话之后，她的情绪也会平复一些，如果孩子不愿意玩，一直在哭泣或者唠叨，温柔地抱着她，等她自己慢慢平复。

平复下来之后，你可以告诉她："小朋友弄坏了你的芭比娃娃，肯定是他们不对，可是，生气会让你自己更难受，妈妈不愿意看到你这么难受。如果芭比娃娃无法修复了，妈妈可以再给你买一个。每个人都有自己最喜欢的东西，如果下次你不愿意和小朋友分享自己最心爱的娃娃，妈妈也是支持你的。"

妈妈不仅理解了女孩的情绪，也接纳了女孩的情绪，还尝试疏导，提出了解决的办法，丝毫没有批评。

而且，让女孩懂得了，生气的时候，自己可以怎么做。

04

从女孩生气的时候表现出的模式，可以判断她的人格特质，父母们可以根据这些特质，在教育女孩的时候，比较灵活地处理女孩的情绪问题。

从女孩生气的类型，也可以看出她们对应的人格特质：

◎ 默默生气型——消极对抗，容易放弃，不容易对事情负责。

◎ 大哭大闹型——处理事情没耐心，挫折忍受度也较低。

◎ 打人摔东西型——凡事喜欢动手，容易用武力解决问题。

了解了女孩的人格特质，父母们可以比较灵活地处理女孩的生气问题。

父母们还要注意一点，女孩学习和模仿情绪的方式，也可以通过家庭成员的角色扮演来提供大量的练习。

为了女孩以后有较为健康的情绪发展，父母最好具有稳定的情绪，近10年已有大量脑科学研究证实，情绪是会感染的，生气的情绪，当然也会让女孩大量去学习和模仿。

女孩生气的时候，父母需要积极回应，等她们情绪平复后，再引导她们处理问题。只有这样，女孩在下一次遇见生气的事，才能够积极面对，用合适的方式去解决，把自己从怒气里“拯救”出来。

共情孩子的情绪，女孩真的需要多一点体贴

养育女孩的家长一定发现了，女孩特别爱哭，不管是婴儿时期，还是幼童时期，哭的功能一直都在持续“发力”。

一个朋友的女儿，有一次，因为想吃蛋糕被妈妈拒绝了，哭得上气不接下气的，朋友选择了“冷处理”——不理不睬，任由她哭，结果导致女儿“哭晕”了过去。

家长应该知道，女孩虽然爱哭，但每一次哭泣背后都有原因和诉求，正确判断，共情女孩的情绪，选择性地合理满足，才是最重要的。

什么是共情？

人本主义心理学派的代表人物罗杰斯提出了共情的概念。他表示共情是一种体验别人内心世界的能力，而别人的情绪是进入其世界的钥匙。

当孩子有了情绪，父母如何做到对孩子共情呢？

首先，不管孩子的情绪是正面还是负面，父母需要觉察和接纳孩子的情绪。

比如，孩子因不小心摔坏自己的玩具而非常懊恼。父母要接纳这种情绪，不批评和斥责孩子。

接着，蹲下身，或者拉起孩子的手，去标识孩子的情绪。

“摔坏了最喜欢的玩具，你很难过，对不对？”

有的孩子，会在父母帮助自己标识情绪的时候而大哭，这是因为孩子的情

绪被父母感知了，他们也有了释放情绪的通道。

一旦情绪被父母接纳和包容了，有了正确的释放途径，以后再有类似情绪的时候，孩子才会正确地处理，而不是任意地发脾气、大哭大闹。

01

为什么有的女孩特别爱哭?

依赖性

有研究结果表明，对6个月大的男女婴儿做对比试验，在发生困难的情况下，男宝宝更倾向于通过不断的探索，尝试自己去解决问题，而女宝宝更倾向于用哭泣等手段去寻求外力的帮助。

正是因为女宝宝爱哭，这也给她们带来了另外一个好处，就是相对于同龄的男孩来说，她们说话比较早。

爱哭的宝宝讲话早，这个说法是有科学道理的，哭声丰富的婴儿更具有语言天赋。

德国维尔茨堡大学的卡特勒恩·韦姆斯一直从事语言开发方面的研究，他曾对大约35名幼儿的啼哭进行了相关分析，发现婴儿发出丰富音调的时间越早，学会说话后能越多地掌握各种词句。

多愁善感

很多女孩生性敏感、感情细腻，这会让她们在面对很多事情的时候，习惯用“哭”来表达自己。

生活中的很多小事，比如，看见花朵枯萎了，家里养的金鱼死了……她们都会难过、伤心，以至于哭出来。

这个时候，家长应该给予孩子理解和关怀。蹲下来拥抱她们，了解她们哭的原因。用“引导性”的语言告诉她们，为什么会发生这种状况。比如，小花之所以枯萎，是因为被摘了下来，没有了营养供给，时间长了，终究会枯萎，同时，它们也给我们带来了美的享受，完成了自己的使命。当然，如果你不希望看到小花儿枯萎，下次遇到美丽的小花就不要动手去采摘，让它们可以开放更长的时间。又如，小鱼死了，可能是生病了，或者是因为我们没有照顾好它，如果你还想养金鱼，我们可以再买几条回来，但是需要我们更加细心地去照顾它们，避免类似的情况再发生。

把哭当成了一种手段

随着孩子年龄增长，他们的自我意识也开始发展，在面对很多问题的时候，他们也开始“动脑筋”，比如，想获取某些东西或者达到某种目的，又不知道该怎么办的时候，他们可能就会选择用“哭”来“要挟”家长。

尤其在第一次试验得逞之后，他们可能会对这种方法上瘾，所以当家长分辨出，女孩是因为这个原因而哭的，一定要理智对待，切不可盲目满足，因为这样是治标不治本的，而且会养成孩子错误的观念，以为哭是万能的，时间长了，容易养成“弱者心态”，不利于心理健康。但也并不是让家长不管不顾，还是需要学会倾听孩子的需求，与孩子多一点沟通。

表达能力不够

从心理学的角度解释，因为孩子在两岁之后，认知能力和自主意识都在加强，但是他们的语言能力、控制身体的能力等还没有发展到相应的程度，他们内心的想法不能很好地表达出来并得以实施，所以他们会通过哭和发脾气来表达心中的情绪。

在与外界接触的时候，他们需要面对规则的约束、和小伙伴的冲突、自己的能力和想法的差距……总之，孩子会遇到越来越多的“不顺心的事”，他们渐渐发现，这个世界并不如他们想象的那么完美，不能想怎么样就怎么样，此时，哭是孩子表达内心不满的一种本能反应。

所以家长需要认识到，既然哭是孩子发泄心中负面情绪的一种方式，想让他们停下来，家长应该帮助他们寻找其他的途径去发泄自己的情绪。当然，这需要一个过程，对于孩子来说，哭是最直接最本能的一种发泄方式，想要让他们意识到除了哭，还有很多方法能解决问题，这就需要家长耐心地慢慢引导了。

诺诺在3岁之前，是一个不爱哭的小孩。可是3岁之后，她开始变得很爱哭，我带她去看医生，在交谈中，医生发现了诺诺的一个特点，就是语言发展迟缓，告诉我多一点耐心，因为孩子语言能力表达不了自己心里的意愿，所以她就选择了一个“捷径”——哭。

当孩子出现这种情况的时候，父母不必太急躁，要耐心引导孩子用语言表达自己的内心。

02

家有爱哭的女孩，家长该怎么做呢？

让孩子哭一会儿

当女孩哭的时候，家长如果不问缘由一味地批评、制止，甚至不理不睬，可能会造成孩子以后胆小、懦弱，甚至是自卑的个性。

在对孩子劝慰无果的情况下，很多家长经常会说两句话：“你再哭，我就不要你了。”“你烦不烦啊，一直哭哭哭，妈妈一点都不喜欢你这样。”孩子哭的时候，内心是伤心和委屈的，如果这个时候家长表现出不耐烦甚至厌弃，会让孩子感觉更加伤心和无助。

在婴幼儿期间，如果孩子哭了，父母一定要第一时间给予回应，让她们知道你在身边。因为3岁前，孩子哭了，没有及时得到回应，不利于他们安全感的建立。3岁之后，女孩哭的时候，家长可以在一旁静静地陪着她，或者搂着她，拍拍她的肩膀，先让她把自己的情绪发泄出来。有父母的关怀和陪伴，其实过不了多久，她就会平静下来。只有等孩子从激烈的情绪中平复下来，家长才有和她深入沟通的可能。

心理学家劳伦斯·科恩博士曾说："对孩子来说，哭相当有用。它虽然不能修好坏掉的玩具，但是可以纾解孩子难过的情绪；虽然不能解决冲突，但是可以释放紧张情绪，这对于孩子更好地解决问题十分有利。"

现在有一种说法，孩子哭闹的时候父母不应理会，尤其在婴儿时期，不能养成孩子以哭来要挟的目的，应该让他哭个够，以后再遇到这种情况的时候，孩子就不会哭了，而且很听家长的指令。我对这种做法持保留态度，在这个时期，孩子急需大人的安抚，为什么不能给他呢？

发现哭背后的情绪

在家长看来，女儿似乎总是莫名其妙就哭了起来。其实，这世上没有无缘无故的哭，孩子每次哭的背后，一定有某种"情绪"在活动。

有一次，诺诺搭好的积木，被我不小心给碰掉了一块，于是她就大哭起来。不论我怎么解释，她就是一直哭，后来，我什么都不说了，干脆静静地抱着她，等她情绪稳定了，我问她："你是不是特别难过？"

她点点头说："你去买菜了，没有带我，我很生气。"

平常买菜，只要诺诺在家，一般我都会带她一起去。那天因为下雨，我就让她爸爸照顾她，我一个人去买菜了。原来，她是为了这件事难过，我很庆幸自己当时没有盲目责怪她："不就是碰掉你一块积木，至于这么大哭吗？"而是等她说出真正让她情绪崩溃的事。

孩子哭，可能有各种各样的原因，可能是心情不好，也有可能是身体不适，还有些，是想得到家长的关注。

有一次，我在书房赶稿。诺诺一直在玩芭比娃娃，看电视，过了一个多小时，她突然就大哭了起来，我赶紧过去问她怎么了，她摇摇头说：“妈妈，我喜欢你。”那一刻我明白，诺诺觉得自己被忽视了，希望我关注她一下。

03

发现了孩子的情绪，接下来我们要做的就是接纳他们的情绪，因为只有情绪被接纳了，他们才会感受到被尊重和理解，才会平静下来。这时，我们再和他们讨论对事情的看法和建议，一起寻找解决的办法。

尹建莉说：“一个孩子哭泣的时候，母亲可能会无数次地去安抚他，直到有一天，孩子可以自己停止哭泣，这是他已经成功地将‘母亲的安抚’内化成自己的能力。”

标识情绪

在接纳和理解孩子的情绪之后，家长还需要帮助女孩标识自己的情绪，并且引导她们用语言表达自己的内心感受。这样，等她们再遇见“事”的时候，才能进行有效的表达。

比如，女儿要求你给她买一个玩具，可是，昨天你刚给她买过，你拒绝了她的请求，于是，她哭了起来。

等她情绪平静下来，我们可以这样问她：“妈妈没有答应你买玩具，所以你很难过，对不对？”

这时，情绪被标识了，孩子的情绪已经被父母认识到。接着，家长可以引导孩子学习如何表达自己的情绪，比如“当你难过了，你可以告诉爸妈你难过的原因——我很伤心，因为你不给我买玩具”。

正确表达情绪

“好好说话”这项技能，对孩子而言，是比较困难的一件事。

现代实践派儿童心理学奠基人鲁道夫·德雷克斯说过：“孩子们的觉察能力很强，但解释能力却很差。”

有一次，在幼儿园里，一个小朋友拿走了诺诺的玩具，她立马大哭了起来。看见这一幕，我先是过去拥抱了她一下，等她情绪平静下来之后，我问她：“你是不是想要回自己的玩具？”

她点点头，我告诉她：“你可以走到小朋友身边告诉他‘这是我的玩具，你不可以拿走’，如果他拒绝还给你，你可以寻求老师的帮助，告诉老师，是谁抢了你的玩具，说你需要她的帮助。”

诺诺按照我说的做了，她走到那个小朋友跟前，问他要回玩具，果然，被拒绝了。

我拉着她的小手，带她一起去找老师，她结结巴巴说出了自己的话，老师听了，夸奖她很棒，然后带着她一起去解决问题了。

等诺诺拿回了自己的玩具，我告诉她：“你看，哭是要不回玩具的，你只有想办法，告诉别人你要做什么，或者告诉老师发生了什么，老师才能帮助你。”

诺诺点点头。

压制哭的害处

有很多家长，觉得女儿老哭哭啼啼的很烦，在女儿哭的时候，第一时间想的是要制止她们哭，为此软硬兼施。

这种做法，无疑是在压抑孩子的情绪，孩子堆积的情绪无处发泄，时间长了，后果不堪设想。

美国生物化学家费雷认为，人在悲伤时不哭是有害健康的，属于慢性影响，他通过调查发现，长期不哭的人，患病率比普通人高一倍。为此我们有理由相信，哭是有益于身体健康的。

有一项调查组织了137个人，将他们分为健康组和患病组。患病组是溃疡病和结肠病的患者，这是两种与精神紧张密切相关的疾病。结果发现，健康组的人平时哭的次数比患病组多，而且在哭完之后他们感觉较哭之前好了许多。进一步研究发现，人们在情绪压抑时会产生某些对人体有害的生物活性物质。哭泣时，这些有害的化学成分便会随着泪液排出体外，从而有效地降低了有害物质的浓度，缓解了紧张的情绪。

了解了以上知识，相信你再不会认为女儿的哭是“莫名其妙”的了。

想和女儿建立和谐的“亲子关系”，读懂她们的“哭”是必不可少的。女孩的成长过程，也是家长自修的过程。接纳爱哭的女孩，了解她们背后真实的情感诉求，家长才能和她们进行有效的沟通，以及给予最恰当的教育。

对于女孩的哭，还有一个方法，又简单又好用，那就是走过去，安静地抱住那个哭泣的孩子。

妈妈的一个温暖拥抱，对孩子来说，比任何道理都管用。

女孩的自信，并不一定就是天生的

01

在小区里，经常遇见旁边一栋楼的邻居和她5岁的女儿。她女儿属于个性比较腼腆的，每次看到我，都只是害羞地笑一笑，但每次遇见，她妈妈都要求她必须开口跟我打招呼，可能因为太害羞了，听了妈妈的要求，她只是默默地看着我不说话。

被妈妈强迫过几次之后，她见着我也不微笑了，甚至有点害怕，任由她妈妈在旁边不停地说："快喊人啊，你这孩子怎么这么没有礼貌呢？"

面对这种情景，说实话，我心里既尴尬又焦灼。

其实，打不打招呼是孩子的自由，应该由她自己的意愿来决定。对于这个邻居来说，我是她的熟人，可是，对于孩子来说，我是个陌生人，打不打招呼都是正常的。况且，"微笑"本身也是一种打招呼的方式，邻居实在没必要非给孩子贴"没礼貌"的标签。

我女儿诺诺，其实也是个胆小的女孩，跟别人打招呼对她来说，是极为困难的一件事。不过，有一次我发现，她特别吃一套，那就是——夸奖。

一次，我一个大学同学到我所在的城市出差，我约上她和同城的另外一个同学聚餐，因为诺诺没有人照顾，只能带她一起去。陌生的环境和人，我一直担心诺诺会放不开，还特意给她买了一个新玩具让她打发时间。

见了面，我的两个同学就围着诺诺转，一个夸她长得漂亮，睫毛长。一个夸她鞋子很好看，说自己小时候就特别喜欢这种款式的鞋。

被这么一夸，诺诺的话匣子也渐渐打开了，跟阿姨们说自己的睫毛比班上所有小朋友的睫毛都要长，鞋子是谁送的，还兴致勃勃跟阿姨们说幼儿园的事……这场景简直让我难以置信。

回家的路上，我问诺诺今天为什么这么高兴。

她说："因为阿姨们夸我啦。"

其实，大多数的女孩都需要被夸奖，恰如其分的夸奖能增加她们的自信心。充满自信的孩子，更愿意以一种开朗活泼的状态面对别人。

02

夸奖，对于女孩而言真的那么好吗？

增加女孩的自信

女孩需要被肯定，夸奖对于她们来说，就是一种最好的肯定方式，得到了肯定，她们的自信心也会增加。一个充满自信的女孩，是能量满满的，不论做什么都能保持开放积极的心态，更容易取得成功。

诺诺两岁多的时候，有一次她想出去玩，我就随口说了一句："你自己把鞋子穿上吧。"可是，穿好了左脚，她怎么也穿不上右脚，这种挫败感让她非常生气。

我走过去，蹲下来对她说："诺诺真棒，自己穿上了一只鞋，再努力一下，另外一只肯定也能穿上的。"

听到我的夸奖，她又开始尝试穿另外一只鞋子，过了一会儿，终于穿上了，她特别高兴，还特意让我打电话告诉姥姥她会穿鞋子了。

影响女孩的行为

得到肯定的女孩，比较容易呈现正向、乐观的行为，相反的，时常被否定的女孩，比较倾向于悲观、负面。

诺诺有一段时间，对小叔家的小堂弟特别排斥，所有的玩具都不让他碰，还驱赶他。有一次又发生了这样的情况，当诺诺爸准备批评她的时候，我靠近诺诺说："姐姐最疼小弟弟了，只是因为那些是她特别喜欢的玩具，所以她才不愿意给弟弟玩。"

听我这么一说，诺诺拿出了一个摇铃递给小堂弟说："给你。"

夸奖是从正面教育女孩，这样，不好的行为会被纠正，更能强化女孩的优点。

让亲子关系更加亲密

时常受到父母夸奖的女孩，更容易接受父母的话，拥有更强的幸福感，这样的女孩也更在意家庭和亲情，因此夸奖也可以提升亲子关系。

被夸奖的时候，女孩会感受到父母对自己的爱，在家庭中感受到被关怀，亲子感情也会升温。

但是，夸奖女孩子也要有技巧。恰如其分的夸奖会让女孩变得更好，不恰当的夸奖反而会阻碍女孩的成长。

正如儿童心理学家海姆·吉诺特说的："夸奖，就像青霉素一样，决不能随意用药。使用强效药有一定的标准，需要谨慎小心，时间和剂量都要严格控制，不然可能会引起过敏反应。夸奖之类的精神药物的使用也有同样的规则。"

所以在夸奖的时候，父母要注意以下几点：

具体夸

在夸奖的孩子的时候，不能泛泛地夸，一定要具体到某一个点上。

父母首先要对女孩处理事情的过程有所了解，看到女孩为了解决事情动了脑筋，付出了努力，最后取得了成功，这个时候父母再去夸奖。

比如，走在路上，遇见了一条小水沟，一开始她不敢跨过去，但是，她后来想了办法，在旁边找了几颗小石头，然后踩着小石头过去了。

我们可以这样夸奖孩子："遇见了问题，你没有哭闹，而是主动想办法去解决，你真的很棒。"

如果没有了解这个事件的过程，可以用提问的方式，让孩子重复刚才努力的过程，听到值得肯定的部分，要及时夸奖孩子，给女孩一个有益的赞美。

要夸奖得及时

父母要及时地夸奖和鼓励女孩的良好行为。否则，等事情过去太久了再夸奖孩子，孩子可能没办法将夸奖和事件进行有效联系，夸奖就起不到实际作用。

对于年龄小的女孩来说，事情的因果关系是紧密联系在一起的。所以，当女孩做了值得肯定的事，父母一定要及时夸奖。

有一次在幼儿园，诺诺的一幅画得到了老师的三朵小红花，见到我之后，她就开始说这件事，可当时我正在接电话，就敷衍地点点头。

晚上吃饭的时候，我突然想起这件事，就提了一下，夸奖她现在画画很认真。可她没有任何回应，因为这事儿对她来说已经"过去了"。

这件事让我意识到，迟到的夸奖，对孩子来说没有任何意义。

适度地夸奖

过度的夸奖会让孩子骄傲自满，觉得自己无所不能，接受不了失败。

太敷衍的夸奖呢，又不利于孩子身心健康：我做得这么好了，爸妈好像也并没有那么高兴，这会增加女孩的心理压力。

所以要“因材夸奖”，对于虚荣心强、态度傲慢的女孩，要有节制地夸奖，以免使她们过度骄傲，影响她们的进步。

我有个朋友，对女儿的教养方式就是“毫不吝啬地夸奖”。以至于现在她女儿每做完每一件事，都要听到父母的夸奖，偶尔父母疏漏了一次，孩子就特别生气，偶尔有些事情自己做得不够好，就大哭大闹。

让人哭笑不得的是，有一次，家里来了一个小客人，妈妈夸奖小客人唱歌好听，她就有点不开心了。她想起每次生病她乖乖配合吃药，妈妈都会夸奖她特别棒，为了得到妈妈的夸奖，她居然跑去吃了一颗药……

归根结底，其实是父母过度的夸奖让孩子养成了“为了得到夸奖而做事”的错误观念，完全是本末倒置了。

所以夸奖女孩也需要有度，否则容易适得其反。日本的一项研究表明，经常受到父母夸奖和很少受到父母夸奖的孩子相比，前者成才率比后者高了5倍。

每一个女孩都是一个潜在的天才儿童，而决定她们能否成才的真正条件，就是她们所受的教育方式。

作为父母，要多利用“夸奖”这个武器，既要适度夸奖，强化女孩的良好行为，增强她们的自信，同时，也要适度控制她们的锋芒，让她们在以后的生活道路上，走得更顺畅一些。

有一次，闺密的女儿在一个节目中独舞，取得了一个特别好的名次。我刚好在旁边，听到她夸奖女儿的方式，不得不竖起大拇指。

她蹲下来对女儿说：“上一次，有一个动作你做得不好，可是，通过反复的练习，你终于克服了，还获得了这么好的成绩，你真的很不错呢。下一次，还要把那些‘困难大恶魔’打败哦。”

这样不仅肯定了孩子的努力，又鼓励孩子在面对下一次困难时，不要怕，要有足够的勇气去面对，这样的夸奖比单纯夸奖女孩获得的成绩有意义得多。

适当的挫折教育，让你的孩子不再软弱

01

有一次在游乐场，孩子们都玩得特别疯，其中一个女孩吸引了我的注意，她看起来有五六岁，在淘气堡里算是年龄比较大的孩子了。

之所以注意到她，是因为她是在场的孩子里哭得频率最高的一个。

几个孩子一起滑滑梯，有人提出要比赛，原本赢了几局的她，却在某一局里输给了一个小男孩，她立马大哭起来。在玩蹦蹦床的时候，不小心被别人弹倒，她会去找妈妈寻求安慰。在攀岩的区域，她兴致勃勃尝试了一下，结果上不去，又开始生气……

玩滑梯输了，她妈妈一个劲地鼓励她："没关系，你还是最棒的，你已经赢了好几次了。"在蹦蹦床上，当她不小心被别的孩子弹倒的时候，她妈妈很心疼地摸着她说："是不是很疼，妈妈给你揉一揉。"攀岩上不去的时候，她妈妈就让她放弃，去玩别的更好玩的项目。

孩子重新去玩之后，她妈妈无奈地和我说："我家的孩子比较脆弱，动不动就哭，我真的是没有办法。"

我笑笑表示理解。

可是，女儿终究会长大，现在面对一点小问题、小失败就无法接受，将来呢？谁都不能保证一生顺风顺水，挫折是不可避免的，甚至有时努力了也可能

会失败，那时候，女孩又该如何面对？

唯有坚强。

女孩只有变得坚强了，才能在遇到困难的时候，勇敢去面对，想办法去解决而不是只会哭泣、抱怨。失败了，也能坦然面对，自我疗伤，总结经验，继续努力。

02

如何让女孩变得坚强？最好的方法非挫折教育莫属了。

从心理学的角度来说，挫折教育，是指个体在从事有目的的活动时遇到的障碍、干扰，且难以克服，致使其无法实现个人动机、无法满足个人需求而产生的消极的情绪体验和心理状态。

随着家庭生活条件的改变，大家的育儿观念也在改变，现在很多家庭，不管是只有一胎，还是多胎，父母都是竭尽所能想把自己能给的最好的都给孩子，尤其是对女儿，现在都流行“富养”，不过，父母这种心态，很容易让女孩养成娇生惯养的坏毛病。

父母一味地给予和满足，很容易造成女孩不堪一击的心理。当别人无法满足她们的需求时，她们就没有办法接受甚至情绪崩溃，然而别人是不会像父母那样对待她的，这个世界是不会对谁予取予求的，所以让女孩接受一些挫折教育很有必要。

挫折教育对女孩有哪些好处呢？

让女孩更加独立

平时生活中的一些小事，父母可以放手让女孩去做。比如，学习自己穿衣服、穿鞋子，自己吃饭，收拾玩具之类，刚开始做可能会比较困难，父母记得多给女儿鼓励，可以教她们一些小技巧，但是，不要直接插手或者包办，要让女孩既感受到挫折，又能通过自己的努力克服困难，借此，女孩会明白，原来自己也是可以做很多事的。慢慢地，对父母的依赖减少了，很多新鲜的事情也愿意去尝试。

诺诺两岁半的时候，还不愿意自己穿衣服，每天起床就躺在床上，等着我给她穿衣服。不论我如何要求，她就是不愿意。后来，我想出一个办法，和她比赛穿衣服，谁赢了就可以得到一朵小红花。

当然，偶尔我会故意输给她，我会告诉她，我输了是因为我今天的衣服比较复杂，并不是因为我不会穿。这样也能让她明白，如果她偶尔穿衣服慢了，输了，是因为衣服比较难穿，而不是因为她不会，以免打击她的积极性。

激发女孩的潜能

在平淡的日常生活里，人总有一些潜能是没被发现的，当你身处困难中时，这些潜能很有可能被激发出来。

所以在培养女孩的时候，不妨偶尔让她们遭受一些挫折，这样可以有效地激发她们的潜能。越难的事情，越要鼓励她们去寻找突破口，解决问题的过程，就是发挥女孩的潜能和探究精神的过程。

诺诺3岁的时候，我给她买了一双系鞋带的鞋子。鞋子很漂亮，但是，系鞋带这件事对于当时的她来说，还是有一定难度的。当我提出帮她系鞋带的时候，她拒绝了。

于是我教她如何系鞋带，她在一边认真地看，但是尝试了好几次，都失败了。我安慰她："你还小，不会也很正常，妈妈帮你吧。"她摆手拒绝，说自己一定可以。她手里提着鞋带，变换了很多的方法，最后，她终于以自己的方法把鞋带系好了。她系鞋带的方法虽然复杂一点，却更不容易松散。

很多事情，我们以为孩子不行，其实是因为我们没给他们足够的时间和耐心。看到诺诺主动挑战并且获得了新技能，我心里挺感动的。

利于培养女孩的良好品质

在心理学家看来，孩子经历一次挫折，就会成长一次。这挫折好比“生病”，生病的过程，其实就是人的免疫力和病毒搏斗，病好了以后，人的免疫力就会提高一些。

战胜了一次挫折之后，女孩的内心会变得更加强大和自信，在面对更大的挫折和困难的时候，她们会更倾向于勇敢应战，而不是畏缩后退。挫折教育能让女孩学会迎难而上，不轻言放弃，培养她们坚持不懈的品质。

朋友家的女儿学习舞蹈，因为成绩突出，被老师选去参加一个本市的演出，可平时学的都是一些基本功，动作简单，这次演出要完成老师编排的舞蹈，动作复杂许多，她就有点想打退堂鼓。

老师告诉她，为了编排这个舞蹈，她看了上百个舞蹈视频，每一个动作都是她精心设计的，花费了整整半个月。而且，在教她们跳舞之前，老师自己已经把这个舞蹈跳了几十次。

听到老师的话，女孩低下头，答应老师一定会好好跳，不会再想放弃。最终，那次演出获得了圆满成功。

通过这件事，朋友发现女儿变了，不仅是对舞蹈练习，平时在学习上遇见什么难题，也会主动寻求解答方法，而不是像以前那样一上来就求助父母或是等老师讲解。

遇见挫折最好的办法不是逃避，而是战胜它。当女孩明白了这个道理，也就具备了一种良好的品质，知难而上。

让女孩变得自信

经历了一次挫折，并且通过努力战胜了挫折，这就会让女孩的内心充满成就感，也让她认识到自己的能力，增加自信心。

挫折教育有利于促进女孩生理和心理的健康发育和成熟，在女孩的成长阶段，如果外界一些消极的因素不能被消除或者被有效抵制，就会让女孩的心里出现各种消极意识和心理上的问题，导致她们对未来缺乏信心，心理素质薄弱，没有上进的动力。

03

那么，我们该如何对女孩进行挫折教育呢？

给女孩做榜样

父母是女孩最好的教材，在日常生活中，父母对待挫折的态度和做法，会对孩子产生直接影响。家长可以经常和孩子分享自己在生活或工作中遇见挫折和困难时是如何想办法克服的，这会为女孩正确对待挫折和困难树立榜样。

给女孩设定障碍

成长道路上难免会有坎坷波折，如果家长习惯了为孩子清扫路障，试图让孩子一路平坦，其实对孩子来说，是一件非常糟糕的事。

在平时生活里，家长可以给女孩设定一些障碍。

比如，选择一个对于孩子来说有一定难度的游戏，让孩子感受到困难，同时让她明白，困难对于每个人来说都是很正常的，鼓励她去克服困难完成游戏。

父母要注意的是，设定的障碍要有目的性、针对性，同时不能超过孩子可以承受的限度。

给女孩讲励志故事

父母可以给女孩讲一些名人的励志故事，让孩子明白，他们的成功，不是因为他们的人生比普通人平坦幸运，而是因为他们面对困难和挫折时比一般人更坚韧，而且总能从困境中找到突破和生机。

心理学研究指出：当人们遇见挫折时，高达九成以上的人会选择5种反应：攻击、退化、压抑、固执与退却。而正面思考者的比率低于10%。

挫折对于孩子来说，是成长中不可或缺的。习惯了挫折的存在，孩子才不会轻易被打倒，明白挫折是可以克服和战胜的，才能锻炼出孩子的坚强。

让孩子明白，挫折不可怕，可怕的是在挫折面前停步不前，甚至是害怕挫折。

人生的路那么长，未知的东西很多。只有坚强面对，坦然处之，才能收获更加美好幸福的生活。

帮助孩子度过两岁叛逆期，变得独立、自信

01

女孩到了两岁之后，你会发现原来那个乖巧的小姑娘，开始频繁对你说“不”。

说好的动画片只看一集就关掉，可是等你执行的时候，她就大哭大闹。外面在下雨，她非闹着要出去玩，而且拒绝穿雨鞋，也拒绝穿雨衣。不仅如此，她开始变得“没有礼貌”，喜欢对你大呼小叫，或者是下命令……似乎从一个“乖乖女”，摇身一变成了“女魔头”。

诺诺在两岁半之后，最喜欢跟我说的就是“不睡觉”“不吃饭”“不喝水”“不和你玩”……

反正，跟她说所有的事情，她基本上都会用“不”来回应我，看着眼前这个孩子，我都有点恍惚，这还是我那个乖巧的女孩吗？

有一天早上刚起床，我和诺诺在床上腻歪，我搂着她说：“宝贝，你是妈妈的乖女儿，要听话哦。”

她立马生气地扭过头说：“我是我，我不听话。”

让我哭笑不得。

身边很多养女儿的朋友，也开始纷纷抱怨。

“这哪里是养女儿，简直就是养了一个女王。说不得，管不得，动不动就

甩脸子给你看，整天把‘不’挂在嘴上。”

“我家以前那位可爱的小公主不见了，最近的她，简直像换了一个人。”

……

听着诺诺开始标榜“我是我”，再听听身边朋友吐槽自家女儿，我意识到，女孩们进入了幼儿叛逆期了。

人的一生有三个叛逆期，2～3岁时出现的叛逆行为是人生第一个叛逆期的表现，也就是“宝宝叛逆期”。

这个时期的女孩，会明确意识到“我”的存在，开始思考：我是谁？我要干什么？

她会学习将自己和世界区分开，也会思考：哪些是我的，哪些不是我的。

02

进入了幼儿叛逆期，叛逆女孩的心理原因都有哪些呢？

“我”的存在

自我意识的建立，让女孩开始懂得自己是一个独立的个体，她们会通过行动去学习，这个学习的过程，往往会拒绝听从别人的话，开始任由“我”来安排，这种行为在父母的眼里，就是叛逆。

你给女儿买了一个芭比娃娃，其他的小朋友看见了想玩一玩。可是，女儿大声地说：“不，这是我的。”

可能无论你怎么劝说，女儿都会拒绝。

“会拒绝”就是女孩典型的“自我意识”成长现象，和自私没有任何关系，父母们切勿乱贴标签。每个女孩都会经历这个阶段，这个阶段也关系着女孩的安全感、自信和独立的建立。

探索“我”的力量

女孩有了自我意识后，必然会对“我”的能力感到好奇，她们会通过各种方式去探索自己能做什么，自己会对世界产生什么影响，对别人有什么影响。

破坏向来比建设来得容易，女孩的能力又不够，所以女孩在平日的生活里，是选择破坏力，而不是建设力来判断自己的能力。

这个时期的女孩，语言能力尚不发达，与人交往会有一定程度的攻击行为，她也会非常乐于观察自己的攻击所带来的力量，以此来判断自己在人际关系中的地位和对他人的影响。

你会发现女孩变得喜欢扔东西，甚至从高处扔东西，不管是玻璃的还是铁质的，家里被弄得一团糟，而且，她高兴的程度和家里的糟糕程度是成正比的，甚至，父母越是反对，她们扔得越是厉害。

女孩通过扔东西来判断自己的力量和准头，判断哪些东西会被扔坏，哪些不会。这么做会让家里变得很乱，同时，也引起了父母的关注，这些都让女孩觉得，自己的行为对周围的环境产生了影响，感受到了自己的力量，影响越大，孩子的成就感就越大。

矛盾的亲子关系

在自我意识成长的阶段，女孩和父母必将经过一个矛盾的阶段：一方面她渴望独立，摆脱父母的控制；另一方面，在生活和情感上，女孩对父母又特别依赖。这种矛盾的亲子关系，会让女孩比之前更黏父母，害怕父母离开，同时，又不断挑战父母的权威，和父母唱反调。

这是因为女孩在“自我”建立的过程中，在独立和依赖之间来回游荡。在女孩的成长过程中，这种现象会反复出现，女孩未来究竟能否真正地独立，父母的态度是这场“拉锯战”的关键因素。

原本生活习惯很好的女孩，玩具向来都是自己收拾，最近可能会突然变得不愿意收拾了，妈妈一再催促，最后也只能是陪同一起收拾。

故意打破“遵守的好习惯”，女孩从中得到挑战父母的快乐，最后，妈妈妥协，帮忙一起收拾玩具，一方面女孩感觉到了自己的胜利，另一方面又满足了她对妈妈的依恋。

孩子的情绪得到了暂时的满足，但“自我”的独立并未得到满足。

探索世界运行的规则

开始区分自己和世界是不同的，孩子就会对世界是什么感到好奇。

这种好奇已经不再是“认知世界”的阶段，而是进入了“为什么”阶段，你会发现，这个时期，女孩的问题越来越多，有无数个“为什么”等待父母去回答，这就是女孩在学习各种事物背后的规律。

叛逆期的女孩还会通过行为去探索世界如何运转，她通过不断地挑战规则，来学习哪些规则是不能变的，而哪些规则是可以变的。

这一阶段对女孩认识社会、培养安全感是至关重要的。

比如，在诺诺打开动画片之前，我和她约定，只看一集就关掉。可是，看完一集之后，她开始提出别的要求，要求再看一集别的动画片。

当然，这个规定我是不允许她打破的，通过一番争执，甚至她“戏精”附体，哭闹耍泼一番之后，我依旧坚持，并且提出我们可以一起讲故事或者是玩橡皮泥，她也就不再坚持了。

她之所以会有“非分”的要求，其实是在试探“看一集动画片就关电视”的规则是否能打破，在我坚持不答应她之后，她就明白这个规则是不允许被打破的，也就放弃了。

不懂得辨别与处理情绪

随着女孩长大，接触外界越多，各种“意外”情况越多，女孩的情绪也越来越多样。

情绪对女孩来说，是一种抽象的概念，对于一些善于具象思维的女孩来说，她们很难理解抽象的东西，对这些心理变化感到迷茫、害怕、抗拒，由于年龄所限，只会通过哭闹这种单一渠道来宣泄。在成人看来，孩子的表现就是不听话和叛逆。在这个阶段，父母应当无条件接受女孩的各种情绪，并帮助和引导她们认识各种不同的情绪，教会女孩如何去处理情绪。

女儿说："我要去公园骑车。"

妈妈说："今天下雨了，所以不能去公园骑车。"

一听说不能去，女儿就开始大哭，一刻都不能等，坚持要去。为什么呢？

因为两岁左右的女孩，刚刚产生自我意识，但她还不能正确评估自己的能力，以为"我"就是一切，"我"是万能的，所以一旦遭受挫折或者拒绝，就会产生挫败感。这个时候，女孩们的哭闹，并不是因为不能出去玩，而是因为感到失败，只能用哭闹来宣泄。

理解了这一点，父母应该尽量安抚孩子的情绪，而不是责怪孩子不懂事。

父母对于女孩叛逆期的态度对未来女孩的情绪管理有着关键影响，并且会直接影响女孩和父母亲近的程度。

03

面对叛逆期的女孩，父母该怎么办呢？

"叛逆期"是女孩在成长、学习的表现，父母切不可用"熬"的心态，消极被动地等待时间自然过去，应该积极参与、帮助和引导女孩，使她们在这一阶段能够学到更多、成长更快。

理解女孩的感受

在女孩的叛逆期，父母不要把自己放在她们的对立面，而是学着站在女孩的立场用心去体会她们的感受。

比如，下雨了，没有办法出去玩，孩子很郁闷，这时我们可以这样说："下雨天不能出去玩，你觉得很无聊对不对？妈妈也觉得很无聊，可是，如果现在出去淋了雨可能会生病的，不如我们先在家里玩别的游戏，等雨停了，我们再出去好吗？"

找出抗拒的心理原因

要对女孩的叛逆表示理解，但是，该立的规矩还是要立的。在立规矩的时候，对于那些她们始终很抗拒的规定，不要强迫她们执行，而是找出让她们产生抗拒心理的原因，再想办法解决。

有的时候，孩子不愿意做父母要求的某件事，可是，很多父母对此不理解，导致和孩子之间关系"僵化"，孩子本来抗拒的是事件本身，最后变成对父母的抗拒，开始和父母做"斗争"。

在这种情况下，父母最好不要一再重复规则原则，只需要蹲下来抱抱孩子，让孩子明白，对比做不做那件事，父母更在意的是她的感受。

允许孩子有情绪出口

教育专家认为，很多时候，孩子有意做出一些大人不允许的事情，是为了宣泄不良情绪或寻找安全感。所以，对于女孩偶尔发脾气，哭闹，父母不要一味责备，而要给她们时间，让她们的情绪有一个平复期。

心理学家弗洛伊德说："未表达的情绪永远不会消亡，并将在未来以更加丑陋的方式涌现。"

所以，父母可以帮助孩子找一个宣泄情绪的出口，允许他们发泄情绪。

及时表示肯定和赞赏

女孩表现良好的时候，父母一定要及时肯定或者赞赏她们，这会让她们明辨是非，知道做什么是对的，做什么是错的。

自主权

在某些事情上，可以选择放手，让女孩自己做主，让她们适时地享受自主权利。不要以成人的标准时刻评判她们或者处处约束她们，在无关原则的问题上，父母有时应该“睁一只眼，闭一只眼”，要相信，你女儿可能比你想象的更有主见。

女孩的叛逆期，也是女孩性格和人格塑造的关键期，父母要确保与孩子有一个良好的沟通，在沟通中多观察。即使这个阶段的女孩，有些难以相处，但多站在孩子的立场，换位思考一下，你会发现孩子的很多反应并非无理取闹。

在女孩人生的第一个“非常时期”，如果能做到和她们和平友好地相处，相信未来你将得到一个更加优秀的女孩。

面对一个喜欢说“不”的孩子，建议父母多给孩子一些选择。比如“你是想出去玩，还是想和妈妈一起搭积木呢”？

当孩子自己可以自由选择时，他们会最大限度内化自己的行为，并且会对自己的选择负责，这样执行力也更强，不需要父母一再督促。当然，对于一些原则性的事情，父母还是不能妥协，要坚持原则。

比如，孩子因为想玩电子产品而大哭大闹。这件事上，父母的态度应该是：你哭，我陪在你身边，甚至拧把毛巾给你擦掉眼泪，因为我关心你。但是，我不能同意你玩手机，因为那对你的成长无益。

女孩的叛逆期，也是她们成长中的一个绝好时期，父母可以趁机给她们立规矩，树立她们的原则感和自信心。

第三章

女孩区别于男孩的“特权”

审美敏感期，奠定女孩一生对美的追求

诺诺3岁的时候，我发现她开始变得“爱美”了。

在生活中，我比较随意，不常化妆，但是会坚持护肤，有时，我敷面膜或者拍打爽肤水的时候，她都会盯着我看，好奇地问：“妈妈，你为什么要做这些？”

我告诉她：“为了保护皮肤，让皮肤看起来好一些。”

于是，后来就出现了她把我用完的面膜直接贴在了自己脸上的事，偶尔还会用水拍打自己的脸，被我发现之后，她笑着说“我也要变漂亮”。除了学我护肤，她还会偷偷穿我的高跟鞋，或者是挎我的包。

不仅如此，每天早上穿衣服，成为一件让人非常头疼的事。天气冷，她偏要穿裙子，好不容易同意不穿裙子了，却要挑另外一件颜色粉嫩但不适合当天的温度穿的衣服。

一个朋友送了我一支口红，我放在梳妆台上，一直没有用。有一天，诺诺却偷偷拿来抹了，看着她的“烈焰红唇”，我真是哭笑不得。

幼儿园老师跟我闲聊的时候，说你家女儿真的特别喜欢关注别人穿了什么，戴了什么。有一次，她换了一个别针，居然就被诺诺发现了。

我知道诺诺已经进入了审美敏感期。从3岁开始，女孩就进入了一个新的时期，那就是审美敏感期。从心理学角度来说，敏感期是孩子在成长过程中，某个年龄阶段对某个领域特别感兴趣且形成认知。

顺利通过一个敏感期后，儿童的心智水平便从一个层面上升到另一个层面。而我们家长需要做的，就是如何帮助孩子顺利度过这每一个敏感期。

发现审美敏感期

3岁的女孩开始对环境有了审美要求，即进入审美敏感期。不仅在穿衣打扮上，我家的诺诺还特别喜欢去高档一点的酒店吃饭，对于普通的餐馆，或者是大排档之类的，就比较排斥，每一次都表示不愿意去。

而且，她们或许也成为一个“完美主义者”，牛奶洒在身上一滴，就会大呼小叫。吃的水果也要光滑的，有好看外表的。这个时候，家长不要觉得女儿矫情，其实是她们进入了审美敏感期。

孩子的审美敏感期呈螺旋式发展，他们会从吃的东西要求完美和完整，慢慢过渡到要求所用之物的完整和完美。

正视审美敏感期

从审美期开始，女孩的一生都会一直处在一种对美丽的探索之中，家长不要反对和制止，要陪着孩子一起探索美，让家里的小女孩，成为一个善于发现美，并且能让自己变美的人。

当发现孩子追求“成人化”的美，家长不要表现出不耐烦，或者是责怪，家长的否定会让刚刚进入敏感期的幼小心灵无法充分体会到追求美好事物及成长的美好，甚至有些孩子会因此变得胆小、孤僻，不再有勇气探索未知世界。

肯定审美敏感期

首先夸奖你的女孩，告诉她，你长大了，能发现美丽的东西，有一颗爱美的心，这是非常难得的，要好好保持。在平时的生活中，面对孩子偶尔因爱美而变得“挑剔”和“不可理喻”，家长可以带着孩子一起买衣服，给她们选择的机会，倾听她们的内心，当孩子感到自己被尊重和重视的时候，她们也会接受家长的一些建议。

审美敏感期引导

孩子坚持要穿不符合气候的衣服怎么办？这时，家长可以告诉孩子，一年四季都有适合当季的衣服，要根据气温来决定穿什么厚度的衣服，如果在大冬天穿夏天的衣服，不仅不得体，而且会冻感冒。

也可以找机会和孩子聊天，说自己小时候也做过一些“爱美”的事，让孩子知道原来自己的行为是一件很正常的事，爸妈也一样经历过。

审美敏感期延伸

在孩子的审美敏感期，家长还可以对孩子进行“美的教育”，把美育不自觉地渗入孩子的生活中。

有一次，我给诺诺准备了一个果盘，有香蕉、苹果和橘子等，没怎么摆盘，就端上来了。

她看到以后，嘟囔着说：“太难看了。”然后自己动手把这些水果摆出了一个好看的造型，我对她竖起了大拇指。后来，在准备水果的时候，我和她都会精心摆一个造型，然后再端上桌，一起享受好看又好吃的水果拼盘。

虽然水果最终是要吃的，但是，在摆盘的过程中，能培养孩子的“美感”，让她们学会在生活中享受细节的美，提升自己的精神气质，增加幸福感。

树立正确审美观

每个年龄段都有符合每个年龄段的美感。化妆和穿高跟鞋，对于三四岁的孩子来说，为时过早，当孩子对此表现出浓厚兴趣的时候，要告诉孩子，化妆品对小孩的身体不好，会妨碍他们长得更高更漂亮。

而带有鞋跟的皮鞋，可以允许女孩有一双，告诉她们什么时候可以穿，什么时候不适合穿。

一味地拒绝孩子，会导致孩子很挫败，认为自己爱美是错误的。合理地满足孩子，是对孩子审美能力的培养和支持。

告诉孩子，并不是所有她认为好看的东西都适合自己，只有适合自己的才是美的。

美育当然不能只局限于穿衣打扮，这个世界处处隐藏着美。多带孩子去户外走走，发现一棵小草的灵动，一朵花的摇曳多姿，让孩子在审美敏感期可以走得更远。还要告诉孩子，除了外在的美，还有心灵的美。比如，讲究卫生，爱劳动的行为也是美的。

有一次，带诺诺户外活动，有一个比她小的妹妹摔倒了，她立马跑过去拉小妹妹起来，我趁机夸奖她说："你真美，会主动帮助比自己小的妹妹。"

在生活中，当发现孩子一些好的行为时，告诉他们这也是美的一种，让孩子对美的认知更加开阔和多元化，而非局限在穿衣打扮上。

爱美之心人皆有之，孩子的爱美之心更为难得，家长需要做的就是细心呵护和正确引导，让孩子从一个美的发现者变成美的创造者。

处在审美敏感期的孩子，追求完美，非常执拗，父母需要做的就是理解和接纳，而不是斥责。多带孩子到大自然走一走，看一看，欣赏美景。带他们去看话剧，欣赏动听的音乐。给孩子树立一个正确健康的审美观。

谨言慎行，有些事情千万不要对女孩做

再乖巧的女孩，也有倔强的时候。

有一次放学后，诺诺一直待在小区里和小朋友玩，小伙伴换了一拨又一拨，直到路灯都亮了，她还是不肯回家。

最后，只剩下她一个人了，她还眼巴巴地坐在长凳上，幽幽地说："也许等一会儿就有小朋友来和我一起玩了。"

我动之以情晓之以理，最后甚至威胁都用上了，统统没有效果，人家吃完晚饭都出来散步了，她还是坚持要再等一会儿。后来，我实在忍不住了，动手打了她屁股两下，她一边号啕大哭，一边跟在我后面走回家了。

就在我感慨果然还是体罚最有效果的时候，诺诺和我之间的冷战之幕已经拉开了。

喊她吃饭，不做回应，只是径直走过来，埋头就吃，一句话不说，吃完饭就去看书了；喊她洗漱，她也不说话，直接刷牙、洗脸。第一次睡觉前没有讲故事就睡觉了。

这次"体罚"造成的冷战，持续了将近一周，其间，不论我如何主动，诺诺都坚持不和我说话，直到我主动道歉，而且，郑重承诺以后再也不会打她了，她才忍不住放声大哭。

这件事让我对自己的行为进行了深刻的反省，原来，教养女孩真的不能体罚，我十分懊悔。

女孩生性敏感、胆小，如果在教养过程中被体罚，对她们身心都是一种伤害。

体罚女孩究竟有什么害处呢?

损害女孩的认知发展

纳什维尔·范德比尔特大学儿童医院的儿科医生莎丽·巴尔金进行了一个为期两年的研究，对2～9岁的孩子进行认知测试，结果发现被打过的孩子的智力发展水平要低于没有被打过的孩子。

一项针对1510名2～9岁儿童进行的4年跟踪研究表明，未遭体罚的儿童，智商的平均水平比经常挨打者高出5～28分。

即使是现在，依然有父母动不动就用“打屁股”来教育孩子，这对孩子身心健康极为不利。从生理上来说，打屁股会造成孩子臀部周围血肿、血液循环不畅，甚至发生坏死性炎症。处于生长发育期的孩子毛细血管比较丰富，身体各个器官也比较娇嫩，一旦受到外力撞击，很容易出现出血和心、脑、肝、肾等器官的损伤。而心理方面的损害有可能会更大。

伤害女孩的心理健康

日本心理学家研究发现，经常挨打的孩子会产生7种心理问题：说谎、懦弱、孤独、叛逆、怪癖、粗暴、焦虑。

体罚女孩，除了造成身体的伤害之外，对女孩的心理健康也极为不利。

女孩的自尊心强，父母体罚，对她而言，就是对她所做的事及对她整个人的否定，可能会导致她怀疑自己的能力，自觉“低人一等”，性格上变得孤僻、难以接近。尤其是在同伴或外人面前被体罚时，女孩更会觉得没面子。因为孩子是通过觉察别人对自己的看法，开始建立自我形象和自尊意识的。

女孩的内心承受力弱，被体罚可能会造成懦弱、自卑的性格。被体罚后，可能会留下心理阴影，害怕以后再遭到父母的惩罚，于是做事前会思前想后、畏手畏尾，在他人面前，也不敢流露自己的真性情。

2003年，一项关于打孩子会如何改变大脑化学物质的研究发现，1岁以下曾经被施以体罚的孩子在遇到新情况，比如，妈妈离开房间后立刻进来一个陌生人时，大脑会频繁地出现使人精神紧张的荷尔蒙皮质醇压力峰值。

研究者的结论是，被打过的孩子普遍都更为胆小，也更容易受到惊吓。

破坏亲子关系

体罚不仅会破坏父母和女孩之间的亲密感情，伤害孩子的自尊心，还会降低父母在孩子心目中的被信任度，只会让孩子变得惧怕父母，以后遇见什么样的事，都不敢跟父母说。

只有在建立了信任感和安全感的前提下，女孩才会有良好的表现，而体罚恰恰是和这种目标背道而驰的。只有在孩子并不惧怕父母、十分信任父母的前提下，女孩才会去尊重父母，并且听从父母的教导。

女孩会复制打人的行为

体罚孩子是一种具有攻击性和反社会性的行为。体罚女孩会让女孩认为，打人这种行为是对的。

在关于打孩子这个问题的研究分析中，美国德克萨斯大学研究人员伊丽莎白·格肖夫曾做过一个研究，这个研究有充分的论据表明，体罚孩子会导致他们在少年时期就出现违法或者反社会性的行为。而且，随着年龄的增长，孩子的攻击性及反社会性的刑事犯罪行为会不断升级，极有可能在长大后虐待他们的配偶和儿女。

她的研究还指出，体罚孩子会增加校园打架事件的概率。

这种认知会对女孩未来的亲密关系造成潜在影响，并且会增加女孩成为家庭暴力受害者或者施暴者的可能性。

孩子年龄小，还在成长阶段，无论是心理还是生理都没有完全发育成熟，神经系统十分脆弱，以体罚的粗暴态度对待孩子，会损害孩子的身心健康。

许多心理疾病患者，追其病根，都和幼年童年遭受到的体罚有关。

体罚的行为自然是父母们应该杜绝的，但是，如果平时在教养孩子的过程中，父母没忍住“动手”了，怎么办?

在体罚了女孩后，父母应当做好安抚工作，而且必须认识到体罚是错的，找恰当的时机，郑重地给孩子道歉，这十分重要。

疼痛的体验并不能提高孩子的道德观，因为无法让他们在内心认识到自己的错误，比如，这次他犯了错，他不会想着下次不犯错了，而是想着如何隐藏自己犯的错，才能不被父母发现，因为害怕再挨打。

真正的教育，从来都不是通过暴力来达成的。

如果你爱自己的女儿，请好好对她，拒绝使用体罚。体罚不仅起不到教育和引导的作用，反而会减少孩子对自己犯了错误的愧疚感。

孩子的成长过程就是一个不断犯错和在错误中反省和成长的过程。对于女孩犯的错，父母可以制定规则，来规范女孩的日常行为。

女孩犯错了，除了口头批评，还可以让她们站在“冷静角”去反省自己的行为，或者是用奖惩制度，让女孩意识到自己的错误，并且为自己的错误承担后果。

心理学上有一个名词叫“长目光”，就是当孩子犯错了，父母用注视来代替其他批评的语言，这会让孩子在心理上有一个反省的过程。

“物以稀为贵”，体罚也是，当孩子犯了原则性的错误，才慎用“体罚”这个“刑具”，这会让孩子感觉到自己真的触犯了父母的底线，犯了原则性的错误，使他们深刻反省并且改正。

请赞美女孩的努力，而不是漂亮

在养育女孩的过程中，很多父母可能都会遇见这样的情景，牵着打扮得漂漂亮亮的女儿出门，熟人遇见了，总会夸女儿一句：“呀，今天这么漂亮啊。”

这样的赞美，听上去的确让人很享受。可是，很多人都不知道，有时夸奖一个女孩漂亮，并不是一件好事。

一个朋友特别喜欢打扮自己的女儿，给孩子买的衣服都是精挑细选的，材质要好，款式要新颖。她的女儿就是别人口中的“漂亮”女孩。母女两个出去，回头率特别高。

每天早上起床，她女儿就开始烦恼，今天该穿什么。在外面，她不会像其他孩子一样奔跑，玩游戏，因为不想把美美的衣服弄脏、弄破。

有一次，朋友午睡起床，看到自己的女儿“浓妆艳抹”地站在自己的面前，说漂亮的人都化妆的，她要让自己变得更漂亮，朋友听了哭笑不得。

因为特别在意漂亮，在幼儿园，任何人都不可以碰她的衣服，因为担心衣服会被弄坏。她也不肯在幼儿园睡觉，因为睡觉头发就散了。不适合穿裙子的天气，她却哭闹着非要穿，因为觉得自己穿裙子更好看。

排队做操，或者是有什么活动，她必须站在第一排，老师问为什么，她理直气壮地说：“因为我漂亮。”

朋友意识到这样下去不行，她用了半年的时间去修正女儿的观念，后来遇到有人当面夸她女儿漂亮，她都会说："谢谢啊，不过，漂亮不是最重要的。"

赞美一个女孩漂亮，时间久了，她就会产生一种"偶像心理"，就是我什么时候都要是漂亮的，这样才会得到别人更多的夸奖，因为我漂亮，所以我可以有很多特权。

对于女孩来说，在个人的众多特质中，漂亮只是锦上添花的东西，它只是能力的一个附加值。它是天生的，而不是女孩通过努力拥有的，不应该成为女孩在学习阶段去追求的目标。如果在该努力的时候，放弃了上进，去追求所谓的美貌，基本上也就限制了女孩更美好的前途。

对于一个漂亮的女孩，除了赞美她的外貌，其实我们更应该关心她有什么爱好，有什么梦想，想要成为怎样的人。让她明白，原来外貌不是大家关注她的重点，大家更关注她的精神世界，她的学习、努力及成长。

美国ABC的新闻报道，3～6岁的女孩，近半数人担忧自己肥胖。12岁以下的女孩，15%～18%会刷睫毛膏、画眼线、涂口红，厌食症患者激增，自信心暴跌。1/4的美国年轻女性宁愿赢得"美国下一站名模"，而不是诺贝尔奖。

一个女孩被过度赞美漂亮，有时就像一剂毒药一样，会麻痹她。等于告诉她，相貌比一切都重要，或者，你最大的优势就是美貌。

主持人董卿在谈及自己有今天的成就，首先感谢的就是自己的爸爸。

董卿爸爸认为女孩不能把过多的心思放在穿衣打扮上，而应该有更高远的志向和格局。

董卿爸爸教育女儿的方式我是很认可的。

赞美一个女孩的时候，我们不应该随便用"漂亮"，而是尽量多用"努力"。

赞美女孩努力，会让女孩获得掌控感，她们会认为，事情的成败是掌握在自己手中的，比如，在幼儿园里，我想成为画画最好的小朋友，那么，我就要通过自己的努力去达成目标。

反之，赞美女孩漂亮，她们就会认为，漂亮是自己的"通行证"，一旦受到打击，她们会束手无策，或者说她们根本不懂得如何去努力。

女孩在幼儿园时期，老师对她们服装的要求安全就好。但是，进入小学，很多老师会要求女孩着装简单朴素，不穿奇装异服，这里有一个原因就是，避免女孩把过多的心思用在穿衣打扮上，而是把更多的精力用在学习上，因为唯有努力才能有更美好的未来，现在心无旁骛地学习，取得了成功之后，再美美地打扮自己也不晚。

赞美一个女孩努力，而不是漂亮，因为漂亮是先天的优势，与生俱来的，并不是值得炫耀的资本，而努力是影响女孩一生的可贵品质。

当你的女儿被赞美“漂亮”的时候，引导她正确面对自己的长相，而不是沉醉在“漂亮”里，以为自己得到了美好人生的通行证。

除了在女孩审美敏感期尊重她们之外，妈妈们平时也不要对女孩的穿衣打扮有过多的评价，平时的言谈举止中也不要流露特别在意打扮和美貌的信息，因为这样会在无形中影响孩子。

每一个女孩都需要自尊

莉莉妈带女儿去试听一节英语课，到的时间还早，就带着莉莉在附近转了转，买了几件东西后，一看差不多到了上课时间，莉莉妈催着女儿赶紧走，可是，莉莉却看上了精品店里代卖的泰迪狗。

莉莉蹲在那儿一直在逗狗，老板看她这么喜欢，就不停地劝说莉莉妈买下来，说这狗三个月大了，疫苗打完了，特别好养，而且是唯一一种不掉毛的狗狗。

一听老板这么说，莉莉赶紧央求妈妈给她买，眼看着上课的时间就到了，莉莉怎么都不肯走。

“我们是来上课的，不是来买狗的，你再不走，我就走了。”

当时，店里还有其他的顾客，纷纷扭头看着这对僵持的母女，莉莉觉得很尴尬、很丢脸，气得脸通红，跑了出去，一辆电动车疾驰而来，要不是刹车及时，莉莉可能就被撞倒了。

这惊险的一幕让莉莉妈又惊又气，眼泪都急出来了。旁边的一个大姐劝她说：“批评小女孩不是这样的，她会觉得很丢人的。”

因为女孩的性格敏感，内心承受力也不如男孩那么强，所以在批评女孩的时候，真的要讲究场合，而不是随便什么地方，开口就批评。

古人教育子女总结出“七不责”，其中就有“对众不责”“饮食不责”和“疾病不责”，这是很有道理的。

养育女孩的父母们，一定要注意，以下几个场合不适合批评女孩：

公共场合

英国哲学家赫伯特·斯宾塞在《斯宾塞的快乐教育全书》中说："如果当众出孩子的丑，当着外人的面损他、贬他，让他无地自容。从心理学角度上讲，这样做能使一个人产生惧怕社会的心理，产生自惭形秽的念头，很难立足于社会。"

越是在公众场合，女孩的突发状况越多。你跟她说了，走路的时候要看路，结果，她蹦蹦跳跳的，被一块石头绊倒了，哭了。

这个时候，父母自然是又心疼又气她不听话，很多父母会说："看吧，让你小心点，你就是不听，这下摔倒了，看你疼不疼。"

这种批评式的"关心"，其实还不如不说。

孩子当众被批评了，可能会面红耳赤、小声抽泣，父母看到孩子这样，心想：明明是你做错事了，你还委屈，于是越说越气，越说越大声。在公共场合不适合批评女孩，很多时候点到即止就好了，不要由一件小事上升到伤害女孩的自尊心。

公共场合批评女孩，不仅会让女孩颜面尽失，伤了自尊心。而且，本来因为自己犯错而产生的愧疚心也会因为父母不留情面的批评而不复存在，甚至会激起逆反的心理，与父母渐行渐远。

在外面发生分歧，建议父母找一个安静的角落，或者是等回到家，再冷静地和女孩沟通，她到底错在哪里了，并且不允许下次再犯同样的错误。这样既让孩子感受了自己被尊重和关心，又能达到教育的目的。

当然，即便在家里批评孩子，也尽量在一对一的情况下。当着其他人的面批评女孩和在公众场合是一样的，这样的批评会让女孩自我否定，降低女孩的自信心，对女孩的性格成长极为不利。

用餐时

很多父母火气一上来，就顾不得场合时间，即使是在吃饭的时间，也要一边吃一边骂。

这种做法十分不可取，在吃饭的时候批评孩子，可能会导致孩子食欲减退，甚至拒绝吃饭，时间长了，对孩子的身体十分不好。

吃饭的时候和女孩讲道理，批评教育，也会破坏一家人在一起吃饭的温馨氛围，让孩子觉得吃饭是种压力。

生病时

生病时，女孩是最脆弱的，她们需要父母的关怀和安慰，如果这个时候，父母还在唠叨和教育女孩，女孩可能会因为父母的批评而烦躁，觉得父母根本不爱自己，身体和心理受到双重煎熬。

有一次下雨天，诺诺不顾我的反对，拒绝撑雨伞，非得感受一下雨水滴在身上的感觉。等到我去阻止她的时候，她身上已经湿透了。

到了晚上，她就发烧了，看到她烧得小脸红扑扑的，我特别生气，忍不住一个劲地批评她，质问她下次还敢不敢去淋雨了。

她忽然坐起身抱着我，有气无力地说：“妈妈，别再说了，你越说我越难受。”

她的这些话，让我意识到自己的不理智，喂她吃了药，我转身去客厅坐了一会儿，告诉自己不能“乘人之危”去教育孩子，这样很残忍，这个时候她最需要的是我的关心和呵护，而不是质问。而且，通过这么一件事，她应该也明白了淋雨会发烧的道理。

双方都在气头上

有时女孩犯了错，或者是某件事没有做好，自己已经很懊恼，而这个时候，偏偏父母的暴脾气上来了，开始喋喋不休地指责孩子。这种时候，平时再温顺的女孩也可能会出现顶嘴的行为，结果双方一触即发，越吵越凶，气氛变得很僵，父母说了什么，女孩根本没有听进去。

批评女孩的时候，父母的态度最好是冷静的，因为情绪过于激动的时候，可能会说出一些不该说的话，或者有过激的举动，会对女孩的身心产生极为不良的影响。

建议父母观察一下女孩的情绪，如果她们自己已经很生气和激动了，就等她们冷静下来，再去交流，这样她们会更容易接受父母的说教。而且，只有当父母也冷静下来，才能给女孩一个客观公正的评判，有利于解决问题，帮助女孩找出犯错的原因和改正错误的方法。

批评女孩需要注意场合，但是也要及时、恰当，不能等到形成了不良习惯才去批评和说教，基本原则就是：注意场合，讲究方法，尽量避免出现“伤害女孩的自尊”和“破坏亲子关系”的尴尬局面。

教育女孩的过程中，批评是为了纠正错误，减少以后犯错的机会，但这件事需要讲究技巧，否则适得其反。

当孩子犯了错，父母应该如何做呢？

首先，给孩子机会解释。孩子犯错有很多原因，有时可能是无心，因孩子年龄小，无法达成愿望，所以才犯了错。

有一次，我身体不舒服在床上躺着，忽然听见外面哐啷一声，出去一看，是诺诺把糖罐子摔碎了。

我担心地问诺诺：“怎么了，没扎着你吧？”

她摆摆小手说：“妈妈，我没事。你说你嘴巴没有味道，我想给你倒一杯糖水喝。”

听完她的话，我庆幸自己没有不分青红皂白地批评她，而是给了她解释的机会。

其次，父母用自己的行为影响孩子。

在孩子的成长道路上，父母是孩子的榜样。孩子犯了错，父母应该反省一下，自己的行为是否给孩子做了错误的示范。

有一段时间，诺诺吃饭的时候总是喜欢看电视，说了好几次无果，关了电视就生气，把饭碗搁在一边，以“绝食”来示威。

我批评她吃饭看电视是不对的，她却一脸委屈地说：“那为什么爸爸在家吃饭的时候总是边看电视边吃饭，他可以，我为什么不可以？”

诺诺的一番话，倒是提醒了我。因为老公应酬多，在家吃饭的次数不多。但是，每次只要在家吃饭，一定是在茶几上边吃边看电视的，他还说：“懒得在餐桌吃饭，想放松一下。”

我们却没有想到他这“放松”给孩子做了一个错误的示范。

最后，父母在批评孩子之后，一定要进行心理上的安慰。比如：“错了没有关系，下次改正就是好孩子。”或者给孩子一个拥抱，让孩子明白，即使犯错了，父母也是爱他们的，这样有利于安抚孩子的情绪，不会让批评在孩子的内心留下阴影。

批评是一门艺术，两个成人之间尚且难以掌握这门艺术，何况是大人和孩子之间呢。父母们需要多花时间和心思好好学习，让批评成为孩子成长的动力，而不是成长的阴影。

帮助女孩克服“玻璃心”，成为内心强大的孩子

01

诺诺小时候特别喜欢芭比娃娃，天天给芭比娃娃换衣服，穿鞋子，乐此不疲。但是，偶尔遇见一些比较小的芭比衣服，穿的时候比较费劲，她就会生闷气，或者索性坐在地上哭。

即使我告诉她，你已经做得很好了，只是这衣服有点小，扯一扯就好了，或者多试几次就可以穿上了，可她依旧坐在地上哭，一会儿埋怨芭比长得太难看，一会儿说芭比衣服太丑了。

不仅如此，偶尔出门前让她自己穿鞋子，如果一次穿不好，她就会哭，生气地说：“我不要这个鞋子了，太难穿了，我不喜欢。”不论我是鼓励她再努努力，还是说帮她穿，她都是气鼓鼓的。

平时生活里，她这一颗“玻璃心”老是不知道什么时候就碎了，她心情不好，让周围的人也跟着受气。

何为玻璃心？

“玻璃心”指的是，有些人的心理脆弱得就像玻璃一样，稍有磕碰就会瞬间粉碎。

在不少爸妈眼中，自家的女孩就是十足的“玻璃心”，一句话稍微说重了点，她的眼泪就在眼眶中打转了。

02

怎么发现你的孩子是“玻璃心”呢？如果你发现孩子有以下一些表现，作为家长，可以适当对孩子的教育方式进行调整：

过于敏感、自尊心强

这类女孩很在乎别人的评价，尤其是受到了嘲笑、轻视后会感到十分沮丧，性格自卑脆弱、退缩逃避、气量偏小，行为举止常常显得拘谨、不爱说话，喜欢独来独往。

我朋友的女儿小雅就是这种个性的人，不喜欢在陌生的地方待着，如果迫不得已跟着家人去了，她一定是站在爸妈的身后，紧紧拽着爸妈的衣服，即使有人友好地和她打招呼，她也是有一点“敌意”地把头扭向一边说“不理你”，其实，她不是有多讨厌打招呼的人，只是不爱说话，也不知道如何与别人相处。

虚荣心强

现在很多家庭都给宝贝女儿提供过于优越的物质条件，从而助长了女孩在物质上的虚荣心。

儿童心理专家认为，在女孩自我意识发展的过程中，往往都会过高地评价自己，再加上平时父母盲目的夸奖，使女孩产生了虚荣心。

虚荣心强的女孩喜欢攀比，如果看到别人比自己强，往往会感到强烈的失落感，心理失去平衡，这样的孩子其实脆弱不堪。

很多女孩在家里习惯了享受爸妈的夸奖——“你最漂亮”“你最聪明”，当听到别的孩子也被夸奖时，她们就会觉得很受伤、很生气。

只能赢不能输

只要是比赛，就会有输赢，输赢都是很正常的事，可是有些女孩得失心太重，赢了就会特别高兴，输了就垂头丧气，甚至自暴自弃。

诺诺班上有一个女孩，每次和别的小朋友一起玩的时候，特别喜欢比赛跑步，如果是她赢了，就特别高兴地说“我赢了，我最棒”。可是，如果看到别人跑在了自己的前面，即使没有到达目的地，她也会停下来，特别生气地说“不要不要，我是第一名”。即使家长们提出，可以再比赛一次，她依旧会不高兴，表示以后再也不和某某一起玩了。

害怕挫折

在成长的道路上，挫折是无处不在的。就拿摔倒这件小事来说，有的女孩摔倒了，没有出现破皮或者不是很疼，会爬起来继续玩耍。而有的女孩，一旦摔倒了，就只会趴在地上哭，伤心得很。这样的女孩往往耐挫力差，在面对很多事情的时候，容易放弃，一旦遭遇了失败或者打击，就会心灰意懒、逃避退缩。

美国心理学家卡罗尔·德韦克曾对10对孩子进行了一项实验，研究发现：“那些经常被夸奖聪明的孩子，在遇到新的挑战时，往往更容易退缩，因为这些天赋标签给孩子们设定了一种‘固定思维模式’，他们觉得：结果更重要，尝试新的领域对我的能力是一种挑战，我必须维护好我的能力标签。”

有了这种思维的孩子，会倾向于拒绝未知的尝试，害怕挫折。

为避免把女儿养成“玻璃心”女孩，父母应该注意哪些行为呢?

大包大揽

现在的女孩都是父母的掌上明珠，爸妈生怕委屈了孩子，在很多事情上小心翼翼，凡事都包办，即使是女孩有能力去做的事。长此以往，女孩的好奇心、探索、冒险的天性慢慢就泯灭了，养成了胆小和懦弱的个性。

过于娇纵养成了“以自我为中心”

在日常生活里，女孩一遇见问题，父母就帮忙找借口，比如，女孩摔倒了，父母为了安抚孩子，就拍着地板埋怨地板不平，把孩子绊倒了；不小心碰到了桌子，就去拍桌子，说是桌子的错。在外面和别的小朋友发生了冲突，哪怕明明不是对方的错，有的父母也会不惜撕破脸去“讨个说法”……

这样的做法极容易造成女孩“以自我为中心”的个性，发生了问题，永远觉得是别人的错，自己没有错。这样的孩子长大以后，很难拥有好的人际关系。

03

女孩的“玻璃心”，其实也显示了女孩渴望被理解和接纳的情绪，如果你的女儿是个“玻璃心”，做父母的要反思在和女儿相处的过程中，自己的言行是否有不当的地方。

父母该如何做，才能消除女孩的“玻璃心”呢?

给孩子充足的安全感

女孩成长的过程中，遇见的每一个难题，父母都要陪伴在身边，耐心指导她们如何处理和解决。

平时，父母可以多带女孩出去走走，看看外面的世界，多参加集体活动，不仅可以开阔眼界，还可以使女孩心情愉悦。

多鼓励女孩尝试新鲜事物，挑战高难度，发挥自己的潜能。

常常和孩子沟通，不要让孩子压抑自己的情绪……

父母给予的陪伴、关怀越多，女孩的安全感就越强，这样才有助于她更好地成长。

除了父母对女孩无条件的爱，父母彼此相爱，和谐温暖的家庭氛围，也是女孩安全感的来源。

培养女孩的自立能力

现在很多家庭抚养女孩，都是包办大事小事，这样的过度宠爱会导致女孩的性格脾气变得暴躁易怒，一旦做不好什么事，就大发脾气，养成一颗“玻璃心”。

诺诺小时候，婆婆偶尔会过来帮忙。诺诺吃饭，她要一口一口喂；诺诺说渴了，她会帮忙拿水杯，连杯盖都开好……虽然我说了很多次，可是，婆婆根本听不进去，只要她来了一段时间，诺诺就变成了“低能孩”，不愿意自己吃饭，不愿意自己穿衣服……很多明明已经会做的事情，也要别人帮忙，这都是娇惯导致的坏毛病。

接纳女孩的负面情绪

当女孩因为某件事做不好或者做错了而失落沮丧，甚至哭闹时，父母不要一味责备她们，蹲下身，注视着孩子的眼睛，耐心询问她，是不是因为做不好这件事而难过。轻声安慰她：“有时候，妈妈也会做不好一件事，这感觉确实不好受。”用肯定、接纳代替责备，女孩总会慢慢对你敞开心扉，然后，告诉女孩当你遇到挫折时是如何克服它并且最终完成的，引导女孩去努力，而不是一味沉浸在沮丧和自我怀疑里。

女孩的成长，不可能是一帆风顺的，她们就像一株小树苗，成长的过程不仅需要阳光，同样需要风雨的历练，让她们更加坚强健壮。

父母千万不要把女孩养成娇滴滴弱不禁风的“温室花朵”，而要让她们成为既能经受风雨又懂得享受阳光的小树苗。

对于孩子的“玻璃心”，父母在陪伴过程中，可以用一点“心机”。比如，和女孩一起玩拼图比赛游戏，看谁先把一幅拼图先拼好。

父母相对于孩子来说能力更强，赢也是很自然的事，这也让孩子看到自己的不足，打破她“常赢”的心态。然后父母可以在之后的比赛中，故意输给女孩，让她看到，即使是大人，也有输的时候，而且，在输了之后，父母一定要表现出积极的态度，说：“我不生气，我也不放弃，我要看看自己输在了哪里，下一次，我要更加努力，尽量去赢得比赛。”而不是故意装出生气和难过的样子。

父母的一言一行对于孩子来说就是教材，如果父母面对失败是消极的，那么，孩子也将会是消极的。

和孩子玩比赛游戏，过程有输有赢，在游戏结束时，告诉孩子：“妈妈今天和你一起玩，真的很开心。”

让孩子享受玩的过程，而不是在意结果，一旦不那么在意输赢，孩子也就不会那么“玻璃心”了。

第四章

妈妈的教养，影响孩子的一生

毫无保留的爱异常珍贵，让孩子更有安全感

01

高尔基说：“世界上一切光荣和骄傲都来自母亲。”

对于女孩来说，妈妈的陪伴，就像是一艘帆船的灯塔，指引着她们前进的方向。妈妈在女孩成长的过程中，起了很关键的作用。

在女孩人生的三个阶段——儿童期、少年期和青春期，妈妈的陪伴都是非常重要的。

美国心理学家埃里克森认为，相对于其他抚养人，对0～3岁的孩子来说，妈妈的角色更为重要。

0～3岁，是女孩安全感形成的重要阶段，妈妈陪伴的时间和方式，决定了女孩的情感需求是否得到满足，这对孩子的性格形成也是一个很重要的筹备阶段。

20世纪50年代末，美国心理学家哈利·哈洛（Harry.Harlow，1905—1981）和他的同事做了一系列的恒河猴实验，其中有一个“代母”实验。

把一只刚出生的婴猴放进一个隔离的笼子中养育，并用两只假猴子替代真母猴。这两只代母猴分别是用铁丝和绒布做的，实验者在“铁丝母猴”胸前特别安置了一个可以提供奶水的橡皮奶头。“一个是柔软、温暖的母亲”，一个是“可以24个小时提供奶水的母亲”。

刚开始，婴猴多围绕着“铁丝母猴”，但没过几天，婴猴只在饥饿的时候，才到“铁丝母猴”那里喝几口奶水，其他更多的时间都是和“绒布母猴”在一起。当婴猴遭到不熟悉的物体，比如一只木制大蜘蛛的威胁时，它会跑到“绒布母猴”身边，并且会紧紧抱住它。很明显，温暖、柔软的“绒布母猴”会给婴猴更多的安全感。

妈妈的陪伴对于女孩来说，就是生命最初的那只“绒布母猴”。

心理学分析成年人早年生活时发现，缺乏母亲拥抱的孩子成年后人际交往能力相对弱一些，尤其容易出现亲密无能，无法与相爱的人建立深度的亲密感等问题。

我上初中的时候，班上有一个女孩成绩极好，但是，她从来不跟班上任何人多说话，包括老师，上课也从来不主动回答老师的问题。

后来，班上的一个“万事通”不知道从哪里听说的，这个女孩3岁的时候，父母离异，她跟随爸爸一起生活。从那以后，她就很少说话了，也很少哭闹，像一个瓷娃娃一样，似乎没有任何情感。

一个没有被妈妈拥抱和疼爱过的女孩，对这世间的柔软和温暖缺乏感受力，就像是一只小刺猬，闻风而动，对周围的人充满戒备和敌意。

美国电影《秘密花园》里的女主人公小玛丽，她妈妈一直沉迷交际，每天的生活都是在化妆、打扮、跳舞，根本没有时间听她说话，小玛丽从小就是由用人照顾生活起居，吃穿不愁，可是，她不幸福。在同伴的眼里，她也是一个很“怪异”的人，她不爱笑也不会哭。

一场意外的地震过后，她失去了父母，然而她表现得很平静甚至冷淡。在难民营等待被亲戚领养的时候，她被其他小朋友嘲讽，说她是个不会掉眼泪的怪人。

我想是因为在她的生活里，她没有感受到太多来自母亲的温情，所以她隐藏了所有的情感表达和感受，也有了与她年龄极不相符的成熟与冷漠。

女孩3岁之前，妈妈的陪伴可以让她们有足够的安全感，也让她们自信开朗。

女孩6岁以后，妈妈的陪伴可以帮助她们养成一些好的生活习惯，纠正一些不良行为。密歇根大学、丹佛大学和德州大学研究团队历时5年，对全美3300多个家庭的研究显示，母亲爱的教育能提高小孩社交能力（social competence）。

相对于爸爸的“放养”和“粗养”，妈妈更加擅长在一些细节上对女孩进行教育，自古以来，在生活自理能力方面，女孩都比男孩要好很多，这当然也离不开妈妈的陪伴。

我家楼上的女邻居，工作很忙，她女儿平时主要是由爸爸和爷爷照顾，爷爷负责接送和烧饭，爸爸负责辅导孩子的学习。

偶尔，她女儿到我家来玩，遇上我们正在吃饭的时候，我会邀请她一起吃。吃饭时，我发现她会把脚放在旁边的茶几上，吃到不喜欢的食物，随口就吐在桌子上。

因为和孩子比较熟悉了，我跟她说，这样做是不对的，你穿着裙子，不可以随便就把腿跷起来，吃饭的时候，更不可以把脚放在茶几上，很没礼貌。不喜欢吃的东西，要吐在垃圾桶里，而不是桌面上。她两只眼睛扑闪扑闪地看着我，很显然，我说的这些要求，她是第一次听到。

女儿也会从妈妈平时的言行举止里，耳濡目染地学习到一些礼仪，这就是我们常说的“妈妈是女孩的一面镜子”，透过妈妈这面镜子，我们可以看到女儿长大后的模样。

女性犯罪心理学的调查报告指出：通过对多名有过犯罪经历的女孩进行心理辅导，其中，很大一部分女孩把自己遇到的麻烦归罪于母亲。其原因主要有两点：第一，她们从小被母亲疏远，没有得到足够的母爱；第二，她们没有从母亲那里学到良好的习惯和优秀的品质。

02

女孩需要妈妈陪伴的另外一个重要时期，就是青春期。

对于女孩来说，青春期应该是最“坎坷”的一个时期，青春期特有的敏感、脆弱、多愁善感，都需要妈妈更多的关爱，从而协助她们顺利度过。

不止一次听身边的家长提及，说养女儿最难的一个时期，就是女孩的青春期，这时她们有了自己的想法，但是涉世未深，很多问题根本无法独立解决却又不愿意听从家长的建议。

之前看过一篇报道，说一个女孩因为和男友谈恋爱，差点要去开房，父亲知道以后，把女儿痛打了一顿，结果打断了女儿的尾骨。

整篇报道，我都没有看到有关这个女孩妈妈的只言片语，要知道，对于一个女孩的教育来说，妈妈是一个不可或缺的存在。

无数的研究发现，女孩早恋跟内心缺乏爱有很大的关系。

内心得不到足够的爱，就会在别处寻找爱。这时，如果有一个男生主动关心女孩，向她示好，女孩很容易被感动，而去依赖这种好，甚至过早地交付身体。

在女孩的青春期，妈妈应该充当朋友的角色，倾听她们的内心，给予她们无条件的爱和关怀，不要只拿学习去打压孩子，堵住自己和女孩交流的渠道。

前一阵子，我发现诺诺的一个小变化，经常会说班里某某喜欢上某某了。不久后，我无意中发现她喜欢上了班里的一个男生，这个男生很优秀，她每天提及他的频率特别高。后来我也无意中在她好朋友妈妈那里得到了“证实”。

有一天，我正在看电视剧，她凑过来问我，怎么老喜欢看这个男演员的剧。我半开玩笑半认真地回答她，始于颜值，忠于才华。说完我随口问了她一句：“你有没有喜欢的男生呀？”

听我这么一问，她愣了一下，低下头笑着说：“有啊，我们班里的一个男生。”

我没有表现出任何吃惊，只是点点头说：“挺好的，要是将来能在一起就更好了。”

没过多久，那一年的高考分数公布了，有个新闻报道，某学校的一对高中生情侣，两个人双双拿下了本地的文理科高考状元。我把这个新闻给她看，我说：“多美好啊，和喜欢的人一起变得更优秀，听说两个人准备报考同一所大学呢。”

后来，诺诺的这一段“豆芽恋”无缘无故地就没有后文了。据她自己说，是觉得没有什么意思，从那以后，班级里有什么八卦，她都会和我分享，我也有意无意地说一些早恋对学习的影响，也会趁机告诉她，如何保护自己的身体。

妈妈有义务倾听女孩的心事，也有义务教会女孩在什么年纪做什么事，以及如何保护自己的身体。当然，首先要做的，是用爱和温柔陪伴孩子，这样才会打通你和孩子之间的“绿色通道”，让你的女孩有什么话都愿意和你说。

但丁说：“世界上有一种最美丽的声音，那便是母亲的呼唤。”

对于女孩来说，世上有一种最温暖的幸福，就是妈妈的陪伴。

对于女孩来说，妈妈不仅是一个榜样，也是成长路上的一个朋友。

妈妈是女孩生命中接触的第一个女性，从妈妈身上，女孩学会了如何定位自己的角色，也学会了如何为人处世。

妈妈是女孩的一面镜子

童话大王郑渊洁说："母亲的含义是影响。"

妈妈的言行举止、情绪和性格对女孩都有很大的影响。要想培养一个优秀的孩子，妈妈们首先要从自身做起，为孩子树立一个正面的形象。

女孩从妈妈那里获得了什么样子的行为、情绪和性格，她们长大以后，就会长成什么样的人。一个女孩，成年以后跟别人互动的方式，就是童年的内在关系的延伸。

妈妈的行为对女孩会有什么样的影响呢？

有一次，我去一个朋友家吃饭，摆好饭菜，朋友们陆续入座，正在吃着，另一个朋友的女儿指着主人家的女儿说："姐姐，你的腿不应该这样。"

我们低头一看，原来朋友的女儿吃饭的时候是跷着二郎腿的，再看看我的朋友，也是跷着二郎腿，母女两个完全是同款动作。

我们打趣道："这一看就是亲生母女。"

笑过之余，我们不得不感叹，这就是妈妈对女孩的影响。

除了这个同款动作，其实还有很多地方，朋友的女儿跟她很"像"。我这个朋友是个急性子，而且有洁癖，平时总是叮嘱女儿做事要快，不要磨磨蹭蹭，而且，一旦发现地上有一点脏东西，一定要立刻清理干净，去哪玩都要带着消毒液，不停地给女儿消毒。

女儿受她的影响颇深。和小朋友在一起玩"过家家"的游戏，指派了一个小朋友去买菜，要是这个人“回来”晚一会儿，她就开始叽叽喳喳地催促；小朋友不小心把饼干渣子掉在了地板上，她立马就发火了，说不带这个小朋友玩了，太脏了……所有的行为举止，和她妈妈如出一辙。

如果一个妈妈举止淡定，言谈温柔，那么她的女儿也一定是一个沉静、不温不火的女孩。耳濡目染对于女孩来说，是学习的一个重要途径。

中央电视台播过一个公益广告，一个女人给母亲洗脚，当她站起来，扭头的那一刻，她的孩子也端了一盆水，站在她身后，用稚嫩的声音对妈妈说：“妈妈，洗脚。”

妈妈的行为，对于孩子来说就是无形的教材。

每一个孩子刚生下来，都是一张白纸，好奇心是他们学习的动力，而模仿则是他们基本的学习能力，所以妈妈一定要注意自己的行为举止，给孩子做一个好的榜样，当你教育孩子要学好的时候，也更加有说服力。

苏童的小说《妇女生活》里写了一个叫“芙”的女人，她敢爱敢恨，遇见了自己心爱的男人，宁可不要名分，也要为他生下孩子。后来芙生下了一个私生女，名字叫作“莉”。从小看惯了母亲和男友在一起的那种风情和风姿，莉多少也有些耳濡目染。有一次，母亲芙的男朋友居然对莉起了歹心，当妈妈对她破口大骂，说她不正经、不学好时，莉冷笑着说：“我整天面对这样的一个你，我能学成什么样？”

女孩对自己的性别认知，是从妈妈那里学到的。

如果一个妈妈爱打扮，注重自己的仪表、举止，那么女儿也会模仿自己的妈妈，并且在成年以后，会变成和妈妈一样优雅的女性。

闺密是一个特别讲究的女子，喜欢喝茶，为此还特别学习了茶道，这件在别人眼里“无用”的事，在她看来却非常有必要。

即使有了孩子，但凡有时间，她都会为自己泡上一壶茶，洗杯、烫杯、倒茶、品茶……慢慢享受这个优雅而又讲究的过程。哪怕是在家带娃的日子，她也把自己打扮得漂漂亮亮的。在女儿一周岁之后，每次带女儿出门，娘俩必定是要好好捯饬一番。穿戴倒不刻意追求名牌，但一定是剪裁讲究款式优雅的。

女儿受她的影响颇深，有一次，闺密让女儿下楼取快递，当时女儿穿着睡衣，下楼取快递前，特意换了一套外出的衣服。再着急也不穿睡衣出门，这一直是闺密的习惯，现在也成了女儿的习惯。

女儿不仅会复制妈妈的行为模式，在性格方面，妈妈的“渲染力”也是很强的。

一个自信、乐观的妈妈养出来的女孩，一定是快乐和自信的，看待事情的眼光也多是正面的。

一个悲观、自卑的妈妈养出来的女孩，大多不自信，胆小，容易自我否定，在做一件事之前，首先想到的就是自己可能没办法做好，而不是努力去把它做好。

上高中那会儿，我们班上有一个成绩特别好的女孩，在她父母离异后，成绩直线下降，整个人的情绪也一蹶不振，之前在一起玩的好朋友想尽了办法希望能让她开心起来，而她却认为大家都在看她笑话，慢慢地远离了大家。

从前的她，是一个阳光活泼的女孩，最后变得多疑自卑，除了因为父母婚姻破裂的打击，受她妈妈的影响也不小。

离婚后，她跟着妈妈一起生活。她妈妈整天就是抱怨人生，絮絮叨叨说自己为这个家付出了多少，自从有了她，自己牺牲了工作和前途，说好了“男主外，女主内”，最终却被抛弃，说她爸爸没有良心，以后肯定是要孤独终老的……

这些日复一日的愤怒、不满和戾气，慢慢地消磨了女孩对美好生活的向往。

我们或许都无法想象，一个母亲可以对女孩的影响有多大，当我们纵容自己活得鸡飞狗跳、怨气丛生的时候，不妨想一想，你的女儿在经历什么，她将成为什么样的人?

如果妈妈是微笑的，女孩也一定是嘴角上扬的。如果妈妈永远是愁云满面的，女儿的眼神也是暗淡的。

为了孩子，妈妈们一定要做一个哪怕经历过生活的暴击也依然相信自己是值得拥有幸福的女人，因为我们面对生活的态度，就是女儿未来面对生活的态度。

我有一个闺密，在她5岁那一年，父母离婚了。

妈妈带着她离开了之前生活的城市，去了一个陌生的地方读小学。因为妈妈忙于工作，没有办法按时接她放学，中午她在学校食堂吃，放了学去补习班写作业，等到晚上7点多，妈妈才来接她。

她总是想着，要是爸妈不离婚，妈妈就不用出来工作，爸爸也可以来接她放学。这样想着，就把所有的错都怪罪在爸爸身上。

可是，她妈妈从来没有在她面前说过一句爸爸的坏话，只说爸爸有他的难处，而且他一直都给生活费，也经常打电话关心她们的生活。

渐渐地，闺密心中对爸爸那一份埋怨没有了，她也会主动和同学说起自己的爸爸。

直到大学毕业后她才知道，爸爸在和妈妈离婚一年后，就组成了新家庭，还生了两个孩子，至于生活费也不是经常给。但是，妈妈给了她一个幸福的生活。不埋怨不抱怨，一切向前看，而她从妈妈身上也学到了那一份宽容和淡然。

闺密说，都说单亲家庭的孩子性格有缺陷，可这么多年，家里除了少了一个爸爸，其他什么都没有少。

如今，她已结婚生子，平日里和老公忙于工作，妈妈帮她照顾儿子。偶尔，他们还会带孩子去看看姥爷，在闺密的妈妈看来，老公是自己选择的，过不好自己也有责任，不应该让儿孙后代为自己的不幸埋单。

闺密从自己妈妈身上学到那一份豁达，不管什么时候都不抱怨，以积极乐观的态度对待生活中的不如意。

让孩子从小成为情绪的主人，拥有高情商

01

有一次幼儿园举办育儿分享课，参加听课的是小班的家长，我分享的主要内容是父母如何控制自己的情绪。

在分享的过程中，有一个女孩的妈妈一直在隐忍地流眼泪，直到周围人的注意力都被她吸引过去，我不得不停下来问她，有没有什么需要帮助的。

她抽泣着说，她和老公常年分居两地，她一个人不仅要照顾女儿，还要打理一个小超市。有时，女儿哭闹，如果正遇上她分身乏术的时候，会忍不住对女儿发脾气，一开始女儿很害怕，会立刻停止哭闹，乖乖地去自己玩。但女儿上了幼儿园后，经常对同学和老师发脾气，大吼大叫。原来，这个坏脾气的女儿，是她一手造成的。

不会控制情绪的妈妈，对于孩子来说，就是反面教材。

拿破仑说："能控制好自己情绪的人，比能拿下一座城池的将军更伟大。"

女孩对妈妈的情绪有很强的"复制能力"。所以养育一个女孩，妈妈控制自己情绪的能力也很重要。

一个能管理好自己情绪的妈妈，一般都会有一个懂事、感恩的女儿。

加利福尼亚大学洛杉矶分校的教授斯霍勒博士说："婴儿出生时已经有一

套情绪机制的基础了，但是婴儿并不会管理自己的情绪，他们需要依靠抚养者（多数情况下是母亲）去教导他们如何管理这些情绪。”

通过日常和妈妈的互动，女孩可以学会认识自己的情绪，管理自己的情绪，以及正确地释放自己的情绪。

这首先要求，妈妈会管理自己的情绪。

当女孩哭闹的时候，一个爱发脾气的妈妈可能会在最短的时间达到震慑女孩的效果，让她们停止哭闹，却不知道这样毫无节制地发泄自己的情绪，等于在女孩心中埋下了一颗恶魔的种子。

妈妈的情绪稳定，对塑造一个女孩的品行很重要。妈妈情绪稳定，女儿也会是驾驭情绪的高手，沉着冷静，处理事情更有条理性，拥有更强大的内心，不会被一点挫折和困难轻易打倒。

而一个情绪无常的妈妈，则会导致女孩胆小、懦弱、内心缺乏安全感，会让女孩误以为发脾气和大吼大叫就是和别人交流的有效方式，对于女孩以后的社交关系发展极为不利。

女孩天生敏感，对妈妈的情绪变化会第一时间感受到。在情绪不稳定的妈妈面前，女孩常常会以为自己哪儿做得不够好，所以妈妈才会这样，时间久了，容易让女孩养成“讨好型人格”，形成一种悲观的心理。

曼彻斯特大学心理学教授埃德·特罗尼克曾经做过一个非常有名的实验——静止脸实验。

他让一个母亲先和孩子互动，孩子非常开心，积极响应，然后，让母亲再换成一张没有表情的脸，无论孩子怎样做，母亲都一直面无表情。

1. 实验之初，母亲与孩子正常互动，孩子很开心。

2. 静止脸实验开始，母亲面无表情，孩子已经发现不对劲，开始想办法引起母亲注意。

3. 孩子继续尝试让母亲与自己互动，但是母亲仍然面无表情。

4. 最后孩子开始崩溃哭泣。

在实验的最后，母亲还是回应了孩子，看似没有什么事情了。可是，在母亲对他毫无反应的这段时间里，他的心跳加速，体内压力激素增加，如果持续下去，孩子大脑关键部位的细胞可能死亡。

可妈妈也是凡身肉体，也有不开心和崩溃的时候，那么在情绪不好的时候，妈妈如何控制情绪呢？

美国心理学家唐纳·艾登提出了一种释放情绪的方法，就是把指尖放在眉毛上方的额头上，大拇指按着太阳穴，深吸气。这样做几分钟，血液就会重回大脑皮层，就能更冷静地思考了。

有很多妈妈觉得自己有情绪是不对的，于是，拼命压制自己的情绪，却不知道，一次次的堵塞，最后会引起洪水决堤的大爆发，到时候自己都控制不了场面，做出伤人伤己的事。

情绪本身没有对错，当情绪产生时，不要否定和压制它，而是选择正视它，然后寻找一种既能不扭曲自己，又不伤害孩子的发泄方式。

02

平日里，妈妈们该如何释放自己的情绪呢？

拥有自己的个人空间，适当放松、充电

家庭和孩子对我们来说无疑是最重要的，但是如果时时刻刻都围着家庭和孩子转，没有自己的个人空间，这并非好事，不仅会让自己的情绪低落，也会增加自己与孩子、家人之间的摩擦和矛盾。无论是爸爸还是妈妈，都应该有自己的空间和爱好，能让自己从现实生活中逃离出来，喘口气，调整下情绪。

有很多人问我，为什么带孩子那么辛苦，还有精力写稿子，侍弄花草。我觉得这两者不冲突，写稿子是我的兴趣爱好，保持写作，也能让我和一群志同道合的人保持沟通和联系，让我的精神世界丰盈。至于侍弄花草，能够让我的心安静下来，调节家务与写作的劳累，每天看着花花草草茁壮生长，就觉得心

情很好。

放慢生活节奏

有机会多组织一家人一起出去玩玩，放松一下心情，让生活慢下来，远离现实生活的琐碎与烦躁，对妈妈个人的情绪乃至整个家庭的氛围都大有裨益。

用沟通代替发脾气

和孩子沟通的时候，如果语气激烈，你会发现自己越说越生气。可当你换了一种口吻，相对平和地表达自己的观点，你会发现事情也没有那么糟糕，女孩也更容易接受，从而改变，由此产生一个良好的循环。

我的女儿诺诺一年级那年冬天，有一天早上天气特别冷，我喊她起床，她特别不高兴，一脸的起床气，各种不配合，我饭都烧好了，她还没有穿好衣服。早上时间紧张，看着她磨蹭我真的是一肚子气。

在放学的路上，我和她聊了会儿天。说到早上起床的问题，她说自己最讨厌醒了立刻起床，她喜欢在床上再待一会儿。

得知她有这个“癖好”后，我每天会提前15分钟叫她起床，等她在床上待一会儿，再提醒她穿衣服，她就不会那么排斥和反感了。

之前她不听话的时候，我经常会发脾气和吼叫，其实都没有解决问题，反而让我和她之间的关系越来越紧张。只有沟通，才能发现问题出在哪，真正解决问题。

用积极乐观的态度解决问题

遇到事情，解决事情，而不是抱怨生活。同样的，当女孩遇到挫折时，不要责怪女孩，而是引导女孩换个角度去看待，渐渐地，女孩面对自己的学习和生活也会变得更加乐观积极。

一个爱抱怨的妈妈，养出的女孩一定是叛逆的。一个不快乐的妈妈，养出的女孩一定是悲观的，幸福感极低的。

教育界专家指出：贫穷不会带来教育的失败，但精神的虐待一定会制造一个问题儿童。

妈妈的情绪对女孩的影响，远远要比教育观念和教养方式重要得多，因为情绪会扼杀父母的“精神”。只有妈妈的心理健康，女孩才能有一个幸福和安全的成长环境。

从今天开始，让我们做自己的情绪的主人，笑着迎接它，与它握手言和。

只有当妈妈敢于正视和面对自己的情绪，才能与情绪和解，才不会让孩子受到自己情绪的攻击。

作为妈妈，你需要和女儿谈一谈“性”

我第一次和女儿谈及“性”，是她在学校的图书馆看了一本关于男孩和女孩身体发育方面的书，回到家后，她很坦然地告诉我，自己借了这本书。

作为一个妈妈，我心中有惊喜，也有担忧。惊喜的是自己的女儿长大了，同时又担忧该如何让她学会保护自己。在这之前，她不止一次跟我说过，班里哪个女同学开始发育了，也会偶尔指着自己的胸部问我为什么有一点疼。

她从图书馆借书回来的那天，我觉得是时候和女儿谈一谈“性”了，因为只有理智地面对它，才能更好地保护她。

我总结了一下个人经验，关于和女孩谈“性”，父母需要做到以下几点：

坦然地和孩子谈“性”

孩子的性意识并不可耻，家长不要把它和成年人的性意识混为一谈。

对“性”产生好奇，是孩子成长过程中必经的一个阶段，父母不要戴“有色眼镜”去看待这件事，不要因为女儿问及这个问题，就认为孩子变坏了，或者思想不单纯。

在谈及“性”之前，首先需要父母对“性”抱有坦然的态度，能够心平气和地跟女孩谈论它。不带任何感情色彩客观地探讨，会让女孩对父母产生信任，才会在以后遇到事情的时候愿意告诉你。

谈“性”越早越好

儿童心理学家指出，3岁开始就可以对孩子进行性教育，越早越好。

孩子从3岁开始，就已经有了性别意识，开始好奇自己和异性的身体差别，你会发现家中的孩子可能会有一点“流氓行为”，男孩对妈妈的身体充满了好奇，问妈妈有没有小鸡鸡，女孩呢，也会好奇为什么我不可以看爸爸洗澡之类的。

这里提醒所有的父母，如果你的孩子问了类似的问题，请不要选择逃避，也不要采取敷衍的态度，一定要正面回答孩子的问题。

儿童心理学上有一个名为“白板说”的概念，儿童的心理如同一块白板，成长就是父母教育在白板上作画的过程。

如果家长回避孩子有关性的问题，孩子的性意识就会被压抑，好奇心反而会越大，想一探究竟。如果从父母这里得不到答案，最后通过一些不合适的途径得知，对孩子的身心反而不利。

曾看过一篇新闻报道，一个小女孩，因下体流血被送往医院，医生先排除了他人侵犯，后来，医生检查完孩子的身体之后，告知家长一个事实，那就是孩子来月经了，而导致月经提前到来的，竟然是妈妈的避孕药。

之前，妈妈多次服用避孕药，被3岁的女儿看到，问妈妈在吃什么，妈妈的回答是“好东西”，孩子吵着要吃，妈妈果断拒绝后就把避孕药放在了抽屉里。没有想到，孩子趁着大人不注意，偷偷吃了妈妈说的“好东西”，造成性早熟（来月经）。性早熟，可不仅仅是提前来月经这么简单，极有可能导致孩子无法长高。

当时，如果妈妈很认真地解释给女孩听：“这是一种药，吃了它，妈妈就不用再生宝宝，你是小孩子，是一定不可以吃的。”也许，就能避免这么一个结果。

科学地和女孩谈“性”

在“性”教育的方面，家长的解释要明确。

父母在和女孩谈及“性”的问题时，一定要用正确的科学知识，不要有不好意思的心理，用一些比较隐晦的词语来表达，父母这样的态度，会给孩子一种暗示——“性”是一件不好的事。正确的做法，是将一些正确的性方面的词语告诉孩子，很自然地说出“阴茎”“阴囊”“阴道”等生殖器官的名字，只有这样才能和女孩更深入地谈“性”方面的其他问题。

有一个朋友说她上初中的女儿，最近闷闷不乐的，一回家就躲在屋里不出来，怎么问都问不出个所以然来。后来，还是在日记本里发现了女儿的秘密。原来，女儿和班上的一个男同学早恋了，男同学亲了女儿的脸，女儿以为男的和女的只要亲了就会生小孩，所以忧心忡忡。

听完这件事，真让人哭笑不得。朋友说，从小到大，这方面她一直都挺注意的，不让孩子看电视上亲密的画面，也从来不让她和男孩过多在一起玩，却没有想到出现这样的问题。

正是因为朋友太过于吝啬对孩子“性”方面的教育，才会出现这样的情况。

孩子“性”意识的萌发是一个正常的阶段，父母有义务去告知孩子。

家长可以通过讲故事或者看绘本的方式，让孩子更清晰直观地了解男人和女人的身体有什么区别。同时要告诉他们，身体的哪些部位是要保护的，不可以被别人看和抚摩。相应的，我们也要尊重他人的隐私，不能偷看别人的身体，给孩子树立正确的性观念。

中国青少年的性知识大多源于书和影视剧，通过父母教育获得性知识的比例加起来只有4%，遇到性问题，不到10%的孩子会去问父母，大多数孩子会选择“闷在心里”。

妈妈和女孩谈一谈“性”，才是对她们成长的尊重，因为越早知道，她们越懂得如何保护自己的身体，不受到别人的侵害。在这一点上，中国的父母尤其要重视起来。

第五章

好好做父亲，给予女儿真正的关爱和指导

每一个父亲，都会在女儿心里埋下一颗种子

01

父亲是女孩人生中遇到的第一个男人，同时也是陪伴她们时间最久的男人，父亲的角色会影响女孩的一生。

父亲会影响女孩对“男性标准”的认知，从而影响女孩的择偶观。

心理学家的研究表明：女孩对父亲男性角色的认知，往往都会经历两个阶段。

第一个阶段：

随着女孩的出生，她们对父亲的“探索”也已悄无声息地开始了。女孩会感觉到，父亲不同于母亲，他是另外一种人，有母亲不具备的力量和能力。不论是外貌，还是行为。

父亲懂得很多的道理和知识，所有的问题都可以解答。父亲有超大的力气，可以把女孩举起来。有“超能力”，家里坏了的东西，他们都可以修好……在女孩的心里，父亲不仅是一个超人，更像是一个“哆啦A梦”。

第二个阶段：

随着女孩年龄的增长，她们对父亲的观察也将更加透彻和细致。

比如，父亲和母亲的关系怎么样？父亲是如何对待母亲和周围女性的？父亲是家里的做决定的那个人，他什么事都做得很好。父亲的言谈举止、处世方

式、品格精神都促进了女孩对男性标准更深一步的认知。

经历了这两个阶段，女孩对父亲的印象在不断深入，渐渐地，她们会把这种印象扩散到其他男性身上。这时，女孩的心中就会形成一种固有的“男性标准”——男人就应该是这样子的，而这个标准主要来自父亲。

“男性标准”一旦形成，女孩的择偶标准也就相应产生了。

女孩注重人与人之间的关系，所以幸福婚姻对于她们来说很重要。女孩的情感脆弱，婚姻是否幸福也是女孩一生是否幸福的主要因素。

父亲就是塑造女儿幸福人生的第一个人。

02

当然，父亲树立的“男性标准”也有好坏之分、正确之分。

父亲树立了一个正确的、好的“男性标准”，那么，女孩对其他男性就会有一个正面的认知，从而以正确的方式和生活中的其他男性交往。

相反，如果父亲树立了一个错误的和坏的“男性标准”，女孩的人生可能将走向另外一个极端。

有人说，儿女会重复父母的婚姻。

这是因为父母在婚姻里树立的“男性标准”将会影响女儿的择偶标准，以及和异性相处的模式。父亲示范了正确的“男性标准”，让女孩对男性有正确的认知，才会做出一个正确的选择。

我认识一个女孩，和前男友谈了两年，感情也算是比较稳定了，可是，因为一件事，她选择了分手——男友因为一件琐事动手打了她，因为这一巴掌，她下决心分手。尽管身边很多人都劝说她男友只是一时冲动，可是，在她从小到大的生活里，看到过很多次爸爸生气，哪怕气得把拳头捶在墙上，也没有打在妈妈的身上，所以她认定，打女人的男人不是好男人。

后来，听说她的前男友婚后好几次动手打老婆，一次比一次狠，朋友们纷纷替她庆幸，幸好当初没有选择和他在一起。

她笑笑说："我不会和他在一起的，因为他不符合我对男朋友的要求。"她说的要求就是像她爸爸那样，知冷知热地去心疼老婆，再生气也不会把怒气发泄到老婆和孩子身上。

如果父亲树立的"男性标准"是负面的，这就让女孩的择偶观受到不好的影响，在情感上容易误入歧途，这会对女孩造成两种伤害：

恐惧婚姻

因为看到父亲对母亲不好，害怕自己会重蹈母亲的覆辙，所以就选择远离婚姻，在和男性的相处中，也会变得特别挑剔，因为会把对父亲的不满，延续到别的男性身上。

比如，女孩很讨厌自己的父亲抽烟喝酒，那么在以后和男性的相处中，她们就会对抽烟喝酒的男性充满厌恶，甚至产生敌意。

逆来顺受

父亲树立了一个不好的"男性标准"，还有些女孩可能会认为，没办法，男性就是这样子的。在和男性相处中，即使男性犯了错，不管这错有多大，女孩也会轻易地原谅他们，因为自己从小到大，看到的父亲也是这样子的。这样的女孩，会习惯忽略自己的感受，幸福感被迫降低，过于包容男性的错误行为，内心却默默承受着难以诉说的痛苦。

我有个关系不错的女同事，婚姻生活很不幸福，男人酗酒不说，还经常彻夜不归，对孩子不闻不问。可是，她除了口头抱怨几句，对男人这些行为都是"默认"的。有人劝说她："你们家是你在挣钱养家，孩子也是你自己在管，你还要他干吗？"她摇摇头说："唉，男人不都是这样子的吗？"细问才知道，她爸爸就是这么一个人，她和她妈妈都一样"命苦"，找了同一种男人。

03

一个父亲如何在女孩的成长过程中，给她们树立一个正确的、好的“男性标准”呢？

尊重妻子和其他女性

加拿大圣杰洛大学针对20～24岁的女生所做的调查研究显示，父亲对女儿的情感与社会发展具有很大影响。这份报告还说，女性是否能够坦然面对自己的性别，与她们感觉父亲是否给予肯定和支持有很大关系，内心认为父亲越肯定她的女性性别，处理性问题的能力越好，反之亦然。

在女孩面前，父亲不要负面评价妻子和其他女性。

很多女人生过孩子之后，身材都会走样变形，在商场试穿衣服的时候，肯定是达不到模特的效果。但是，当她挑选了一件衣服，作为丈夫的你还是夸奖了妻子——虽然身材不是那么纤细，但是，有另一番韵味，让人看了很舒服。

女孩听父亲这样评价母亲，在心里就会形成自己的认知，那就是一个人的美与身材和年龄没有关系，父亲是疼爱母亲的，他懂得欣赏和赞美自己的妻子，以后，她们也会下意识地寻找真正懂得欣赏她们美的男性。

体谅妻子的辛苦

在一个家庭里，母亲总是最辛苦的一个角色。全职妈妈，要照顾一家子人吃喝拉撒，琐碎又耗费精力，根本没有“下班”时间。职场妈妈，一手生活，一手工作，辛苦程度不亚于全职妈妈。如果女孩的父亲可以体谅妻子的辛苦，口头上给妻子关怀和安抚，实际行动上，伸手帮一把妻子，这也有助于女孩对“男性标准”有一个正面的认知。

有调查显示，40%的女孩和异性交往的能力与父亲有关。

作为女孩生命中的第一个男人，父亲一定要给女孩树立一个正面的男性形象，因为这关乎女儿一辈子的幸福。

下班回到家，拥抱一下那个操持家务的女人，温柔地说一声："你辛苦了。"在每一个节日，都送她一个小礼物。父亲赋予生活的仪式感和幸福感，会让女孩看在眼里，记在心里。

一个父亲爱自己的妻子，会让孩子对爱情及未来的婚姻生活充满期待，并相信自己也值得像母亲一样被爱。

帮助女孩树立自立、勇敢的好品性

01

很多人都以为女孩的性格受妈妈影响最大，因为大多数家庭的女孩都是由妈妈照顾，所以生活自然以妈妈为榜样，给女孩影响最大的一定是妈妈。

实际上并不完全是这样，美国科学家研究发现，爸爸对于女儿性格形成往往有更大的影响力。

女孩在内心里是相当爱爸爸的，对爸爸也有一种崇拜感，她们的言行举止，甚至会模仿爸爸（当然，妈妈对女孩也是有榜样作用的）。

爸爸的陪伴，对于女孩来说，完全是一种新世界。区别于和妈妈在一起的时候，女孩和爸爸在一起，可以做的事情更多，比如，她可以玩泥巴，和小男孩在一起打闹，或者是愉快地吃冰激凌，这些或许是妈妈不允许的，但是，在爸爸看来，这些事并没有什么大不了的。

而且，女孩从爸爸那里能学到很多重要的经验和教训。

比如，女孩摔倒了，爸爸不会那么快地扶她起来，而是让女孩试着自己站起来；在和其他小朋友玩游戏的过程中遇见了困难，爸爸可能也不会直接干涉，而是鼓励女孩自己先去探索、寻找解决问题的方法。

一个朋友在女儿的教养方式上，和孩子爸爸有很大的冲突，在她的理念里，女儿就应该精细一点去养，把她培养成一个小公主，而不是一个大大咧咧的傻姑娘。可是，孩子爸爸认为，女孩更加需要坚强、独立，才能面对以后生活中出现的种种问题。所以，只要是他陪女儿，他就带着女儿去户外活动，只有在外面和人接触，才能发现孩子身上的很多不足，从而有针对性地提升她不足的能力。

事实上，她的女儿更喜欢爸爸，她说跟爸爸在一起更自由，也更有趣。

做一个永不缺席女儿生活的爸爸，爸爸和女儿都是幸福的。因为不管家庭条件多么好，能给予孩子多好的物质条件，都不如爸爸的陪伴，这对于一个家庭来说，绝对是最大的财富。

女孩从父亲那里学会的事，比我们想象中的要更多。

02

那么，爸爸的陪伴，有利于女孩哪些品性的形成呢？

自立

爸爸的性格通常比较不拘小节，当他们陪伴女孩的时候，不会像妈妈一样，大包大揽，或者干涉太多，他们会把更多的机会留给女孩子自己去尝试。

比如，看见女儿跌倒了，妈妈会立刻跑过去扶起孩子，紧张地询问哪里摔疼了，或者是训斥女孩不小心。而在爸爸看来，孩子不小心摔倒是太正常不过的事，勇敢一点，自己站起来，擦干眼泪就好。

爸爸的想法是，什么事情不会做，没有关系啊，多尝试几次，一定可以做到的。

女孩的自信也就在父亲的“放手”和信任中建立起来了，自信的女孩通常也会更加自立。

勇敢

前面说到的和老公对女儿的教育理念有分歧的朋友，她老公就很喜欢带女儿去玩一些之前女儿不敢挑战的项目，比如儿童攀岩，或者是游泳。

对于妈妈来说，她们更想保护孩子，所以一切有危险系数的游戏和活动，她都不会鼓励孩子去做。

爸爸就不同了，他们认为探索和冒险是人生的一部分，他们不仅会鼓励女孩去做，而且会带着她去实践。这样恰恰也锻炼了女孩的胆量，让她们变得更加勇敢，乐于尝试。

愿意探索

在玩玩具的问题上，爸爸和妈妈的观念也是完全不同的，妈妈遵守的规则是安静地玩，要保护好玩具，小心不要把玩具弄坏了；而爸爸呢，在拿到一个玩具后，可能会研究一番，甚至会把玩具拆开，这对于女孩来说，也是一个全新的“领域”，原来玩具还可以这样玩。

别小看拆玩具和安装玩具这个事，这对于激发女孩的探索欲有很大的帮助，而一个有探索欲的女孩，以后的事业和生活都会与众不同，她不会安于现状，而更加愿意尝试多样的生活。

03

对于一个家庭来说，有一个能陪伴女孩成长的爸爸，是一件特别幸福的事。那么，爸爸该如何去陪伴女孩呢？

多花时间陪女孩一起玩

《世界需要父亲》一书中谈道：6岁孩子心目中的上帝形象通常来自自己对父亲的印象，而看得见、摸得着的“上帝”正是孩子所需要的。

不管父亲有多忙，每天只要有40分钟的高质量陪伴，对于孩子的成长来说，就是极为有意义的。

美国前总统奥巴马说自己最骄傲的一件事，就是哪怕在长达21个月的总统选战中，也从来没有缺席过一次女儿的家长会，还经常抽出时间陪女儿聊天和读书。

据其夫人马歇尔说，不论奥巴马有多忙，都会陪女儿吃晚餐，和她们聊一聊学校发生的事——“今天在学校过得怎么样？”“和朋友相处得如何啊？”

这些陪伴和沟通对于女孩来说，是特别可贵的。

被爸爸关注和陪伴的女孩，安全感会更充足。

为女孩树立一个正面形象

爸爸是女孩心目中的“英雄”，他们什么都会，能修好家里的电灯、马桶，也能修好玩具，像一个大力士，再重的东西都可以搬得动，而且，非常坚强，非常乐观，不会为了一点小事而不开心……这些都让女孩“看在眼里，记在心里”，并且努力让自己的个性向爸爸靠拢，因为爸爸是她崇拜的人。

我女儿在小的时候，特别喜欢绘本《我爸爸》，每次听我读完绘本，她都会一脸骄傲地说：“我爸爸也是这样的。”

当爸爸成为女孩心中的榜样，这是一件让人特别欣慰的事。

支持女孩，成为她们“最好的后盾”

对于女孩来说，有一个永远坚实可靠的后盾是最幸福的。

女孩个性相对比较敏感、多疑，比较胆小和不自信，可能经常会被外界的评论和看法左右，从而进行自我否定，觉得自己不够好。

有一次，女儿班上举行六一文艺演出，她参与了唱歌项目的竞选，可是，被同学嘲笑唱得不好听，说她五音不全。回来之后，她特别的不开心和委屈，爸爸就问她怎么了，她哭着说："我以后就当一个哑巴好了，反正我的声音这么难听。"

在了解了整件事之后，爸爸抱着她，笑着说："我女儿的声音比百灵鸟还好听呢，你只是紧张，没有发挥好而已。"

虽然那次唱歌竞选，女儿最终还是落选了，可是因为爸爸的支持和夸赞，她没有因此而陷入自我否定，依旧是那个"自我感觉良好"的女孩。

成为女孩最好的朋友

狄更斯说："父亲，应该是一个气度宽大的朋友。"

"慈父严母"是教育女孩最好的方式。

对于女孩来说，在3岁之前，可能会依赖妈妈的照顾，但是在3岁之后，她可能会把更多的注意力和兴趣放在爸爸身上。

如果爸爸能成为女孩最好的朋友，并且在游戏和玩乐中，把教育融合进去，这是最完美的。

04

女孩需要父亲尊重她作为女性的价值。

古老的传说中，是这样形容父女关系的：女儿是父亲的前世情人，是父亲在玫瑰花园结识的美丽女子，父亲和女儿之间有着一种特殊的关系链接，这种链接过疏或过密都不利于女孩的身心发育和成长。

美国和新西兰心理专家的一项联合研究发现：父女关系的好坏直接影响到

女孩青春期发育，要么促使女孩正常或提前到达青春期，要么延迟女孩跨入青春期的门槛。

父亲是女孩生命里的第一个男人，父女关系是女孩生命中第一段与男性建立的关系。在成长过程中，女孩会渐渐熟悉这一段与男性建立的关系模型，并将这其中的关系模式带入未来与其他男性的关系中。

女孩也会观察父母与自己的互动方式及父母之间的互动方式，这些会成为女孩未来看待亲密关系的基础。

父亲是女孩生命中第一个男性形象，所以有意识或无意识地，女孩可能会按照父亲的特质来选择未来的伴侣。这里我们所说的特质，包括外貌，但最重要的是指相处模式。

父亲作为女孩亲密关系的领路人，特别是在良性的父女关系中，父亲可以为女儿提供男性视角的建议，并引领她和另一半走过关系中的一些里程碑。研究表明，与父亲关系良好的女孩，更希望自己的伴侣得到父亲的认可，也更有可能向男友寻求情感慰藉和支持。

相对于父亲角色缺失或与父亲关系较差的女孩，和父亲关系良好的女孩更不容易在青少年期怀孕，且在性方面更有自主意识，比如能更好地分辨与拒绝不想要的性关系。

什么样的父女关系才能称得上“良性的父女关系”呢？

从父亲那里，女孩除了学到以上说的，还有自己作为女性身份的第一个反馈。她们会感受到自己是被接受的还是不被接受的，会感受到自己是有价值的或是不重要的。

在父女关系中，女孩作为一个“性别为女的”自我概念被塑造，因此，父女关系中，女孩需要父亲尊重她作为女性的价值。

当女孩到了3岁，开始有了性别意识，开始注意自己的行为和打扮，并明白她们有权保护自己的隐私，她们便能够发展出健康的界限意识。她们就能学会如何说“不”，而这在女孩未来的社交中将是一项基本的人际关系处理技巧。父亲需要注意自己与女儿的肢体接触方式，比如，以“露肩膀的拥抱”来表示对女儿界限的尊重，而且注意不要对女儿的身体特征做出评价。

父女关系是女孩学会如何公平交涉及适当妥协的重要机会。

如果父亲在父女关系中有绝对的权威，立下一些规矩，女儿很快就学会了反抗。

如果父亲过度批判女孩，在父女关系中有至高权力，对于女儿来说，男人就会成为敌人，而且会让女孩认为，我就是不好的，不值得别人对我好。

如果父亲是公正的，会倾听女儿的想法，女孩就会获得自信，为自己有见解而感到骄傲。当她们的见解被父亲倾听、欣赏，女孩就会发展出自我确信感，而这会让女孩变得坚定自信，会为自己而站出来。当然，这一点与女孩的咄咄逼人行为很不同，这源于女孩的无力感和好斗。

下面介绍平时我们说的“不健全”的父女关系，也就是功能失调的父女关系。

分离型

因为一些客观的原因，造成女孩从小不在父亲的身边，生活里几乎完全接触不到父亲，这会造成女孩对父亲的过度理想化（不现实，不可达到的理想化），或对异性的失望（觉得父亲不关心自己），这两者都会对女孩进入亲密关系造成阻碍。

疏远型

在这个类型中，女孩可能会以正面或负面的方式体验与父亲的疏远。

疏远且正面，在这样的关系中，女孩和父亲实际上关系疏远，却感觉与父亲的关系更为正面。与之相对，女孩虽然和母亲实质上相对亲密，对母亲的感觉却是负面的。

这样的关系在家庭中十分常见，一种可能的原因，是父亲大部分的精力和时间都放在了事业上，而让孩子的母亲留在家里，独自面对和女儿关系中的问题与冲突，而父亲会在女儿面前扮演一个“好好先生”的角色，这也进一步使女儿认为有问题的是母亲。

而且，越是沟通方式较为亲密的家庭，这样的关系越是隐蔽。

在这样的家庭模式中，女孩会慢慢觉得自己和父亲是“一派”的，比起母亲，父亲更喜欢自己，与母亲发生冲突，也不会使父亲生气，也导致了女儿对于父母之间互相的依赖一无所知，她也无法看到母亲在家庭中的挣扎。

经历了这样父女关系的女孩，在成年后，通常会选择一个和父亲很相近的伴侣，然后，家庭关系会复制父母的婚姻，重复自己母亲在婚姻及家庭中的角色——一位独自面对家庭冲突、承受来自丈夫与孩子情感压力的妻子和母亲。

如果父女的关系是疏远且负面的，在这样的家庭中，父亲一般是以“领导”或“暴君”的形象出现的，而女孩由于同情母亲，会站在母亲那边，对父亲感到愤怒和蔑视。这样就会导致女孩慢慢地变得冷漠，不愿亲近父亲，即使父亲尝试表现出关心，女孩也可能会反应冷淡地直接拒绝，在女儿成年后，也会与父亲保持距离，仅因为做子女的义务，而没有亲密感。

而且，为了保护自己的母亲，女孩被迫快速成长，有着与年龄极不相符的成熟。

这样的父女关系紧张到一定的程度，超过女孩在精神上可以负担的程度，父女之间也可能会爆发冲突，与分离型的父女关系对女孩亲密关系的影响十分相似，在疏远且负面的父女关系中成长的女孩，也可能会无法信任男性，甚至对男性产生敌意，抗拒与男性建立联系。

纠缠型

这种类型的父女关系更为亲密，以共谋或是冲突的方式，而父亲、女儿与母亲的关系都是较为疏远的。

父亲与女儿是“一派”的，但是不等同于疏远型中的“疏远且正面”的父女关系，这种父女关系是很亲密的，且父亲是对女孩有着最重要影响的人。

与其他功能失调的父女关系不同，在这种父女关系里，父亲和女孩会对这段关系感到满意，父亲会竭尽全力给女孩他所能给出的一切，而相应的，女孩永远不会拒绝或挑战父亲的权威。

在这种关系中，女孩的身体会长大，但是，心智永远不会成长，就像时下大家常说的“巨婴”。

这一类父女关系中，还有一个分支，就是冲突的父女关系。这种父亲也是以“领导”或“暴君”的形象出现的，但在冲突的父女关系中，女儿会激怒父亲，会更公开地讲出自己对父亲的蔑视，拒绝履行父亲对于自己的期待。

这种关系形成的原因，主要是在女孩幼年时，父亲还是比较投入地富养女儿的，随着女儿长大，渐渐独立，父亲感到自己的角色受到了威胁，于是加强了对女孩的控制，而女儿又会愈加叛逆。

在这样的父女关系中，即使母亲是沉默的，但是，女孩也能感觉到，母亲是站在自己这一边的，对于自己的行为，母亲是默认的。这也会使得女孩与父亲的战火升级。这样的父女冲突之中也有共谋，即父亲和女儿都在用这样的冲突掩盖与父母之间的矛盾。

冲突的父女关系对女孩造成最大的危害，就是女孩会穷尽一生和父亲的意志相抗衡，为了叛逆而叛逆，却忽略了自己真正的需求。例如，在亲密关系方面，她可能会仅仅为了反抗父亲而找一个与他完全相反的伴侣，或是因为父亲不喜欢某个人，而与某个人发展成为亲密关系，却不考虑这段关系是否安全。

不正当型

在这类父女关系中，父亲和女儿模糊了世代及人与人之间应有的界限；父亲甚至忽略了他角色的最基本的责任。

在女孩的成长过程中，父亲一定要处理好自己和女儿的关系，保持一种积极和正面的关系。

05

心理学家麦克·闵尼发现，每天被父亲陪伴多于两个小时的孩子，比一周内父亲陪伴不到6个小时的孩子，智商更高。同时父亲对女孩的影响，大于对男孩的影响。有研究表明，在女孩的成长过程中，3～5岁是父爱介入的最好时期。因为自从3岁后，女孩开始把自己的注意力从母亲转向父亲，在恰当的时间，父爱的介入，会让女孩的性格发展更加的完善。

即使很多爸爸迫于工作，没有那么多的时间陪伴孩子，也不必担心。因为关心和陪伴，主要是平时点滴的积累。

父亲该如何陪伴女儿呢?

陪她一起运动

对于女孩来说，母亲更适合照顾她们的生活，和她们谈心，而父亲却是更好的运动搭档，选择女孩喜欢的运动，陪她一起去运动。

有一次，我发现诺诺在公园里，一直盯着两个打羽毛球的人看，我问她想不想学。

她点点头。

我赶紧把这个事告诉诺诺的爸爸，因为之前忙于工作，他陪伴诺诺的时间不太多，现在想和诺诺一起玩，却苦于没有“共同话题”。

后来，在爸爸的“带领”下，诺诺学会了打羽毛球，骑自行车。面对爸爸的时候，话也多了起来。偶尔，爸爸晚上出去应酬，还会主动打电话让爸爸少喝酒，早点回来。

“远程”陪伴

对于一些特殊工作岗位的爸爸们来说，别说一天陪伴一个小时，可能每天回家都是奢侈，对于这种情况，父亲可以选择“远程”陪伴。

一个女友是军嫂，因为老公工作的地方气候恶劣，自从怀孕后，她就选择了回娘家。孩子出生后，也是一个人带。老公半年回来一次。

没有机会陪女儿，一直是这个女友老公的心头病。后来，她老公想了一个办法，就是每天跟女儿视频，而且，通过录音软件，给她录睡前故事，在每一个特殊的节日，给女儿网购礼物，让女儿感受到他的存在。

虽然半年才见一次，可女儿跟他特别亲。因为父爱并没有缺失，而是选择了另外一种方式陪伴。

不管有多忙，只要愿意陪伴，方式可以灵活多变，机会也是会有的。

心理学家弗洛伊德说：“我想不出还有比获得父亲的保护和爱更强烈的青年少年的需要。”

在女孩的成长道路上，或许我们曾缺席了一段时间，但是，不管什么时候开始，爱都不会晚。

接纳自己的女儿，让女儿拥有真正的爱

01

美国的两性关系专家认为，父亲在言语中对女儿的认可和夸奖，能让女孩变得更加坚强。

女孩的心思细腻，在成长过程中面对的最大困境就是自卑和胆小，容易不相信自己的能力，也不愿意轻易去尝试“未知”，父亲的鼓励，对于女孩来说尤为重要。

科学家们曾做过一个实验：

把若干个女孩分成两组，进行一项试卷测验，测验后女孩都对自己的表现不满意，第一组女孩让母亲过来安慰、鼓励她们；第二组女孩让父亲过来鼓励她们。两个小时后，实验员对女孩进行第二次试卷测试。

结果显示，第二组女孩的成绩明显好于第一组女孩的成绩。

这个结论足以说明：父亲的鼓励对女孩更有效果。

在日常生活里，父母们也会发现，很多女孩不会把母亲的批评放在心上，但是，父亲一句否定的话，就会让女孩生气或者伤心落泪。母亲批评女孩的缺点之后，只要得到父亲一句赞美的话，女儿也会很快调整自己的情绪，并且相信自己是优秀的。

02

父亲的夸奖对女孩有哪些好处呢?

增加女孩的自信

对于大多数的女孩来说，异性很重要，父亲又是她们生命中的第一个男性，所以被父亲认可是女儿内心深处固有的愿望。父亲的夸奖，对女儿来说十分重要。

父亲不吝啬对女儿的赞美之词，会让女孩变得更加自信，不畏困难。

学会自尊和自爱

日常生活里，父亲的行动一般多于语言，但是，女孩其实是渴望亲耳听到一些认可的话来强化内心信念的。

如果父亲主动夸奖女儿，女儿就会了解到自己是值得被爱的。只有拥有父亲赞美和夸奖的女孩，才能明白被一个男人无条件、全身心地爱着是什么感觉，也能体会到父亲的夸奖所营造的安全感。

女孩的自尊和自我价值源自父亲对她的夸奖，在一个女孩的成长过程中，如果从未体会过父亲的夸奖，那么，她往往会在其他地方实现这个愿望。因此，缺少父亲夸奖的女孩，在成年后，更容易被异性的花言巧语迷惑，甚至对这些异性投怀送抱，而忽略了他们的人品。

由此可见，父亲一句鼓励的话，比母亲十句鼓励的话都有效果。父亲的鼓励，能提升女孩的“自我评价”，从而使女孩的自信心得以提高。

03

那么，平时生活里，父亲应该怎么鼓励女孩呢？

直接的夸奖

人无完人，一个成长中的女孩，肯定也是优点和缺点并存的。作为父亲，可以多夸奖孩子的优点，顺带再提及一下缺点，再来一句“我相信你会做得更好”，这对于教育女孩很有必要。

对于女孩来说，她们可以不在乎任何一个人对自己的评价，但是，父亲对她们的评价她们无法不在意，父亲的夸奖犹如女孩成长路上的“营养剂”，会让她们成长得更好。

诺诺喜欢画画，可是，她常常对自己的画表示不满意，即使我一再表示她已经画得很好了，她还是一脸的不高兴。有一次，她爸爸走过去，很认真地看了她的画，然后说：“宝贝，我也觉得你画得不错，但是，如果你把小兔子的耳朵再画长一点，也许会更好。”

听了爸爸的话，诺诺开心地笑了，立马又重新画了一张，还要求爸爸以后给她当老师，教她画画。要知道，在这之前，我对她的画提任何的意见，她都是不采纳的。没有对比就没有“伤害”，由此可见，诺诺对爸爸的评价有多在意。

间接的认可

东西方文化十分不同。西方国家的父亲，从来不会吝啬对女孩的赞美和夸奖，“我爱你”“你真的很棒”这些话经常挂在嘴边，而对于东方人尤其是中国的父亲，他们不善于表达自己的情感，尤其面对女儿的时候，更不善于表达。尽管如此，其实你也可以通过一个微笑或者是眼神的肯定，让女孩感受到你的爱。

女孩大部分都是懂事和体贴的，她们能够感受到别人的关注和期待，并且会对此做出回应。

我父亲就是一个不善言辞的人，平时笑得也不多，我上学的时候成绩好，每次我拿了奖状或者是告诉他我考试取得了一个好名次，他都会露出难得的笑容，然后对我点点头。虽然父亲只是给了微笑和点头，但是我内心完全可以感受到他对我的认可和鼓励。

不管用哪种方式，只要能让女儿感受到父亲对她的夸奖和赞美，都是极为温情的，这些会成为女孩以后的生命中最重要和温暖的回忆，影响她们的一生。在以后某个艰难的时期，她也许会想起父亲对自己的肯定和鼓励，将之当成走出困境的动力。

伏尔泰说：“耳朵是通向心灵的路。”就让父亲用最温暖的夸奖，到达女儿心灵的深处吧。

第六章

性格决定命运，
从现在起给孩子一个好性格吧

教女孩掌握自控力

01

朋友有一个烦恼，就是她女儿自控力特别差，玩玩具不到5分钟，就想看电视，看了一会儿电视，又去玩玩具，在幼儿园里，别的小朋友都在做早操，她却在旁边荡秋千。上课的时候，小朋友都在做游戏，她呢，在角落里玩玩具。

吃饭的时候，她会突然跑掉，更让人头疼的是睡午觉，经常在别的小朋友都快睡着了，她尖叫一声，让老师都特别头疼，沟通了很多次都无果。

朋友带她来我家玩，这个孩子经常想一出是一出，和我儿子正在玩玩具，她突然提出想下楼玩。下了楼，又想回去看电视。这个女孩像个活蹦乱跳的小猴子，症结就是她的自控力太差。

女孩自控力差，是因为她们控制不了自己的行为。女孩的自控力差，跟父母教养孩子的方式有很大的关系。

02

过于溺爱孩子

父母对于女孩的溺爱，是造成女孩自控力差最重要的一个原因。比如，父母和孩子说好了5分钟后必须关电视。可是，女孩一旦哭闹，溺爱的父母就会妥协。说好了，出门只买一个玩具，可是，女孩看到喜欢的玩具就忘了之前说的话，一哭二闹，父母心疼孩子，就会再次妥协。

父母的一再妥协，也就养成了女孩只凭自己喜好选择的习惯，不愿意的事情就不做，想要的东西就必须达到目的。

父母自控力差

父母的行为会对女孩产生影响，女孩会效仿父母的行为。女孩在犯错的时候，父母如果表现出不耐心、暴躁、焦虑的情绪和行为，常常对女孩发火并对女孩大叫大嚷，在以后，孩子遇到一点困难，或者是不想做的事，可能就会表现出和父母一样的行为，大哭大闹或者是发脾气，这也是自控力差的一种表现。

缺乏有效的沟通

如果在女孩犯错或者有需求的时候，父母不能心平气和地和女孩交流，不采取有效的方式，只讲大道理，没有满足女孩的内心发展，会形成恶性循环，导致女孩的自控力越来越差。

比如，女儿明明刚买了玩具，想再买一个，一般父母要么选择妥协，要么就用大吼大叫制止孩子哭闹。在这种情况下，女孩的情绪不被发现和接纳，对性格发展极为不利，也会导致她们自控力差。

思想家卢梭说：“世上最没用的三种教育方法就是：讲道理、发脾气、刻意感动。”

无法从一而终的规矩

很多父母在日常生活中给女儿定了不少规矩，比如，吃饭的时候不可以看电视。但是，在饭店里，为了让孩子不吵闹，父母可能就会用手机给孩子看动画片以稳住孩子，父母们或许觉得规矩打破一两次无所谓，特殊情况特殊对待嘛，可是，孩子是无法分辨的，她们可能就会认为，父母说的话可以是被更改的，底线也可以被挑战。当孩子形成了规则是可以不遵守的侥幸心理，自控力也不会好到哪里去。

03

1995年，美国心理学家麦克斯卡及同事，通过实验研究将孩子的顺从行为分为约束性顺从和情境性顺从。情境性顺从是迫于外界的压力，是一种由外部动机诱发的外控行为；约束性顺从是儿童发自内心地按照父母的要求、指令来约束和调节自己的行为。共同商定的规则，很容易引发孩子的约束性顺从，这种主动的顺从行为，才能发展为良好的自控力。

所以，父母想要培养女孩的自控力，不妨通过日常行为去要求和规范女孩。

无规矩不成方圆

对于自控力较差的女孩，仅仅在口头上说教是不够的，需要父母制定一些规则，和女孩一起遵守。

比如，吃饭的时候，必须坐在餐桌前，不可以边看电视边吃。睡觉前，讲完一个故事就要睡觉。看电视前要先规定时间，时间一到就要关电视。在公众场合，不可以大声喧哗。女孩能做的家务，让她们自己去做。

有了规矩约束，女孩就容易养成自控力。当然，制定规则的时候，也要注意符合女孩的年龄特征，另外，父母要和孩子一样遵守规则，不要让女孩觉得，规则只是针对自己的。

父母以身作则

在平日的生活里，很多父母的自控力本身就差，比如，边玩手机边吃饭，或者边看电视边吃饭；周末爱睡懒觉；说好的事情做不到……父母没有自控力，女孩怎么能从父母身上学习到自控力呢?

对于女孩来说，父母的行为就是榜样。如果父母能控制好自己的行为，女孩自然就会效仿父母，适当地控制自己。所以父母的以身作则很重要，把一些坏习惯改掉，和孩子一起养成良好的自控力。

适当的训练

女孩的自控力也是可以培养的，父母可以建立一些奖惩制度，如果女孩完成了规则里的事情，就能得到一定的奖励，如果没有完成，就得为自己的行为埋单，受到某种惩罚，比如，每天晚上9点必须睡觉，如果到了9点还不睡觉，那么，就取消第二天睡前故事作为惩罚。

如此一来，女孩做事前就会在心里衡量一下，进行取舍，时间长了，慢慢会形成自我约束的好习惯。

延迟满足

平日里，对于女孩的要求，父母可以采取延迟满足的方法。比如说：“你想看电视对吗，不过我们刚吃完饭，可以先下楼散散步，回来再看可以吗？”

“你喜欢这个玩具对吗，不过前两天妈妈已经给你买了一个类似的玩具，等过一阵子，如果你还是特别想要这个玩具，妈妈再带你来买。”

延迟满足，让女孩看得到希望，她的愿望不是被直接拒绝，而只是晚了一点实现，女孩就会控制自己当下就要得到的想法。

延迟满足，能培养女孩的自我调控能力，发展出抑制冲动和抵制诱惑的能力。

学会角色扮演

有心理实验表明，如果你要求一个女孩必须保持某种姿势站着不动，女孩一般都很难控制住自己；但如果是在活动中担任某种角色，比如学习士兵站岗，女孩就能保持较长的时间。

我女儿小的时候，每次去家门口的公园玩，她都要去坐小火车，再滑滑梯，完了还要坐小飞机……这些都是收费项目。有一次，我身上只带了20元，坐完小火车，剩下的钱就不够坐小飞机了，可是，她不依不饶非要坐。当时，为了阻止她，我灵机一动，开始和她撒娇，说自己喜欢上一件衣服，让她买给我，看到我这样，女儿傻眼了，她停止了哭闹，眼含泪水看着我说：“我没有钱啊。”我不为所动，继续可怜兮兮地央求她。后来，她一边安慰我，一边拉着我回家了。

因为在当时的情境中，我成了“女儿”，女儿成了“妈妈”，她意识到了自己的责任，就会产生强大的自控力，指引她去做“妈妈”该做的事。

04

父母的态度和行为直接决定了孩子的表现和能力。如果父母能够了解孩子的内心想法，用孩子喜欢和能接受的方式，增强她们的自控力，而不是用指责、辱骂来压制孩子，相信孩子也会信任父母，并且听从父母的建议。

心理学研究表明：决定一个孩子是否能成功，自控力的影响是智力的两倍多。从小拥有超强自控力的孩子，懂得如何控制自己的情绪，不易受环境和他人的影响，能较好地调节和支配自己的思想与行动。而缺乏自我控制能力的孩子，常因为无法抵制外界诱惑，难以掌握自己的人生方向。

在这里我提供一些可以帮助父母培养孩子自控力的简单方法：

◎ 给孩子看一些绘本或者视频，让孩子知道自控力的重要性；

◎ 通过一些棋类游戏、排球或者跳绳比赛来锻炼孩子的注意力和耐心；

◎ 增加一些户外游戏，让孩子学会控制自己的动作；

◎ 和孩子一起做游戏，轮流完成，让孩子学会耐心等待。

自控力指的是一个人能控制自己的行为，坚持不懈地实现目标，也是重要的基础情商之一，更是一个孩子在未来的学习、工作、家庭及人际交往中取得成功的关键因素。

所以，培养女孩的自控力很重要，父母必须重视起来。诺诺喜欢做手工，于是我买了很多手工材料，放在一个箱子里，以供她消磨时光。

可在收纳箱里我发现了很多“半成品”，因为她经常是做了一会儿，就跑去做别的事情，画画或者看书。这也是她房间总是乱糟糟的原因，摊开的书，画了一半的画，没有收拾的手工材料……

发现她自控力差的问题之后，她做手工的时候，我就在旁边陪着。我写我的稿子，她做她的手工。

第一次，她做手工没多大会儿，就去了洗手间，回来后，找了一袋零食吃，看我依旧在敲打键盘，她也就继续做手工。

不一会儿，她又想起什么似的，去房间拿了一个芭比娃娃，开始玩了起来。

我没有刻意提醒她，一个小时过去，我的稿子完结了。我伸了一个懒腰，关了电脑，收拾了电脑桌，然后给自己泡了一杯茶，在阳台上看看花。

诺诺跑过来问我：“妈妈，你的文章写完了吗？”

我说：“是啊。只有写完了文章，妈妈才会离开电脑做别的事情。你的手工作品怎么样了？”

她摇摇头。

我们来了一场“比赛”，以后我写稿子，她做手工，不到结束不离开，如果中途做其他的事情，就算是输了。

那一次，诺诺坚持把一个手工作品做完，很有成就感。我趁机夸奖她说：“做得真细致，手法很巧妙呢，我要拍照发朋友圈。”

“我以后一定要把它们都完成。”她指着篮子里的许多“半成品”说。

除了这个方法，我还帮助她制订任务计划，比如上午要练字、收拾书桌。做完这些之后，就是她自由活动的时间。

跟着这个节奏，她慢慢学会了控制自己的注意力。

自控力好的孩子，更善于利用有限的时间做更多的事，而且，满满的成就感会让孩子萌发更充足的自信心。

心态乐观的孩子，长大后更容易获得幸福

01

一个朋友跟我倾诉，说自己的女儿太悲观，不管什么事，她看到的永远都是不好的一面。

之前他们家换房子，打算卖掉当时住的房子，换一个一楼带小院子的，因为这样可以种种花，弄一个小凉台，喝喝茶，当她把这个计划告诉女儿的时候，没有想到女儿没有任何的喜悦，却若有所思地说：“上次奶奶告诉我，住在一楼特别不好，不仅会有老鼠和蛇，还特别潮湿。”

她女儿说的是实话，只是，悲观的她看不到住在一楼房子的好处，却只想到发生概率特别小的事，其实那些都是可以提前预防和改善的。

后来，朋友在花园里种了很多品种的月季，开得特别美，看着心情就特别好，女儿却说，如果这些月季没有刺就好了，这些刺扎到手很疼的。

她越来越发现，女儿总是喜欢把事情往坏处想，以至于做事特别没有热情和自信。

而这个朋友的姐姐，却养了一个特别乐观的女孩，完全属于那种“天塌下来，还有个子高的人顶着”的心态。

之前，她和姐姐带着两个孩子一起出去旅游，有一天，从酒店出发去玩，到了半路才发现都忘记带钱包了，而两个人的手机支付软件里余额都不多。

朋友的女儿就想着折回去拿钱包，怕万一没钱打车回来。

姐姐的女儿却不赞同，说来回折腾太辛苦，忘记带钱包说不定是好事，因为可以限制买买买，反而能更纯粹地享受旅行的乐趣，再说了，回去的时候可以先打上车，到了酒店，两个人坐在车里等，两个人回去拿钱包不就好了。

一个乐观的孩子和一个悲观的孩子，在处理事情的时候，是两种截然不同的态度和方法。我想，大部分家长都希望自己的孩子是乐观的吧？

02

那么，父母如何才能培养出一个乐观的女孩呢？

首先，乐观是需要建立在安全感之上的，一个女孩如果缺乏安全感，不论父母如何鼓励她积极乐观，多往好的方面想，对她来说都是无济于事的。女孩心中缺失的安全感，就像是一个无底的黑洞，让她看不到光明。她不是不想乐观，而是被恐惧和不安占据的心，让她没有办法相信美好。

要给女孩足够的安全感

在女孩的成长过程中，温暖和谐的家庭环境是培养女孩安全感最好的“土壤”。儿童教育学家表示，女孩特有的敏感，让她们很早就对家庭环境有感知的能力，尽管有时可能还不会用语言表达。

一个父母争吵不断、永远在相互质疑的家庭，是养不出乐观的女孩的，在父母的不和谐中，她们常常会进行自我否定——是不是我不够好，所以爸爸妈妈才会吵闹？她们也感受不到父母之间的爱——如果爱为什么还要争吵呢？

在这样的家庭长大的女孩，不是胆小、悲观，就是自私、冷漠，甚至在以后的社交和情感生活中，她们也会复制原生家庭的模式。

上大学那会儿，我们宿舍有一个女孩，特别乐观。她普通话说得不标准，夹杂着家乡话，经常被系里的男生嘲笑。可她从来不生气，还笑嘻嘻地说：

“我这叫‘怀旧版’的普通话，自创的，永远不忘家乡话。”

她身材微胖，这也成了同学们偶尔取笑她的谈资，可她一直都是一副关你啥事的态度，说：“你们只是努力学习，我可就厉害了，我一边努力学习，还一边努力长肉。”

我们以为她这么乐观自信，一定是家境特别好。她摆摆手说：“我们家兄弟姐妹三个，爸妈就是小工人，生活并不富裕，但是，我们家的生活理念就是，穷，也要开心。”

父母相亲相爱，兄弟姐妹和睦，这就是家给孩子最好的滋养。

多给予鼓励，少一些否定

经常得到鼓励和夸赞的女孩，才会拥有自信，而自信的女孩更容易乐观，她们会对整个事情的走向和发展有掌控和驾驭的能力。

当孩子做错事时，不要过多地指责和批评，而是看到他其他好的方面，先夸奖，再委婉地说出不足之处。

心理学上有一个“三明治效应”，就是说把批评的内容夹在两个表扬之中，从而使受批评者愉快地接受批评，这样也不会造成对方的心理负担。

只有感受到了父母的称赞和发自内心的这种爱，女孩才会产生积极向上的态度，成为一个乐观的女孩。

乐观的父母更容易培养乐观的女孩

都说情绪会“传染”，如果父母个性悲观、喜欢抱怨，那么在父母的影响之下，女孩也很难乐观起来。女孩的特点是比男孩更贴心和细心，当她们感受到父母这种“焦虑”的时候，会把问题想得更糟糕，一是受到负面情绪的影响；二是为父母担忧，双重的压力致使女孩变得更悲观。

如果父母是积极乐观的，不管遇到什么困难都是一种“上帝关了一扇门，肯定会打开一扇窗”的豁达心态，那么女孩在面对困难的时候，就会习惯看到光明的一面，内心永远不会失去希望。

我表姐一家人就非常乐观。

有一次，他们一家三口出门遛弯，忘记带钥匙了。眼看着就要下暴雨，阳台上还晾着衣服，这可怎么办？孩子的爷爷奶奶家倒是有备用钥匙，可来回也得一个小时。

表姐夫淡定地说：“淋湿就淋湿吧，咱们去爸妈家附近的商场看个电影，晚上就在那儿吃饭，顺便把钥匙拿回来。”

表姐和孩子也觉得这主意不错。

本来是一件挺让人苦恼的事，在他们一家人那里却看不到丝毫的不快乐，反而趁机去看了场电影，还能顺便去看看老人家，一起吃顿饭，何乐而不为呢？

想让女孩成为一个乐观的人，父母的引导很重要。

不拿女孩和别人做比较

如果孩子不开心，引导孩子发泄情绪，给情绪找一个适当的出口，这很重要。

一个心中总是压抑的女孩，很难乐观得起来。

生活中，很多父母总是喜欢把自家的孩子和别人家的孩子做比较，这万万使不得。

这样极有可能会导致女孩活在别人的阴影之下，永远都认为自己不够优秀，当她们做事的时候，心里就会有一个声音——无论我如何努力，我做的都不会比别人好，还是算了吧。

有一回，诺诺做完手工后，桌子和地上到处都是手工材料，我进屋一看就说她不讲究卫生，把房间弄得跟垃圾场似的。我说，你看上次我们去大表姐家，人家房间一尘不染的。

诺诺一开始默不作声，后来生气地说："大表姐好，你就去找大表姐给你当女儿，哼。"

后来我发现，拿诺诺和别人比较，激励不了她，反而让她有了破罐破摔的心态。而合理的夸奖，让她看到了自己的进步和优点，更愿意去做事。乐观，就是女孩前行路上的"羽翼"，只有拥有了它，女孩才有能力翱翔，而且会飞得更高更远，看到不一样的人生风景，经历不一样的精彩人生。

教会女孩用乐观的态度去面对生活中的一切，才是聪明的父母。

当你拥有一个善良可爱的宝贝，应该心存感激

01

有一天，在接女儿放学的途中，我们遇见了一只小狗，它躺在那里瑟瑟发抖，因为腿上有伤，所以它没有躲过刚刚那场大暴雨，全身的毛都湿透了。

看见它这样子，女儿心疼得眼泪都要出来了，担心地问我：“妈妈，它怎么了？会不会死？我们帮帮它吧。”

我虽然也心疼，可之前我从没有过养宠物的经验，更没有心理准备要收养一只小狗。另外，我又不希望就此抹杀女儿稚嫩的善良。

我给小狗拍了照，发在社区的QQ群里，问是谁家丢的小狗。

我告诉女儿，狗狗现在最想见到的是自己的主人，我们对于它来说只是陌生人，会让它觉得恐惧。

女儿一直蹲在那儿看护着小狗，我呢，一直关注着手机消息是否有人回复，过了十几分钟，旁边一个小区的邻居在群里说，这是他们家一天前丢的一只小狗，家里人这两天特别着急，一直在寻找。

我和女儿一直等到小狗的主人到来才离开。狗主人对我们说了很多感谢的话，女儿眼泪汪汪地说：“阿姨，这两天它一定很难受，你要好好照顾它哦。”

看着善良的女儿，我心里特别感动，情不自禁地在她的额头上亲了一口。

02

《三字经》说："人之初，性本善。"善良，对女孩而言是一个重要的品质。

苏联著名教育实践家和教育理论家苏霍姆林斯基说："善良的情感是良好行为的肥沃土壤。"所以，培养一个女孩的善良品质，对女孩以后的行为有很多的约束和规范的作用。

有的女孩与生俱来就拥有善良的品质，家长需要做的就是维护好这种美好的品质，而有些女孩可能在善良这个方面欠缺一些，那么就需要家长在平时的生活里注意教养方式，可以多多创造机会去培养女孩的善良之心。

让女孩养一只小宠物

在家庭条件允许的情况下，父母可以让女孩养一只小动物，照顾比自己弱小的生命，有助于培养女孩善良的品格。

在女孩身上，有一种本能的"母性"，在照顾小动物的过程中，她们的耐心和爱心都会被激发。一个小生命生老病死的过程，也会培养女孩丰富细腻的感情，对生命有所认识。

让女孩感受到父母的爱

如果一个家庭里，父母的关系是和谐恩爱的，在这样的环境中长大的女孩，往往也会温和有爱，因为她从父母那里感受到了爱，获得了爱，也会把这种爱传递出去。

这样的女孩，会更懂得为别人付出，对她而言，善良是一种自发的行为，根本不需要家长强迫。

让女孩怀有同理心

同理心是善良的基础，拥有同理心的女孩往往更善良。父母要从小引导和培养女孩的同理心，让她能感受到别人的感受的同时，始终葆有一颗善良的心。女孩只有懂得关心和照顾他人，才能更好地与别人沟通，让自己成为一个受欢迎的人，不管是在以后的生活还是工作中，都能拥有良好的人际关系。

有一次，我带女儿回老家，女儿在和我外甥女一起玩耍的时候，手被夹了，哭得很伤心，可是，和她一起玩的小表妹继续玩自己的游戏，没有半点要过来安慰小表姐的意思。

她妈妈也发现了这一点，让她过来安慰一下小表姐，可是她拒绝了。

到了下午，女儿和小表妹玩捉迷藏的游戏，小表妹不小心弄掉了柜子上的一个盆，砸到了自己的头，疼得哇哇大哭。女儿赶紧过去，帮小表妹揉揉、吹吹，我趁机跟她说："姐姐安慰你，你心里是不是很温暖？"

她点点头，我继续说："在你难过的时候，如果能得到别人的安慰，你会觉得很温暖，那么，在别人受伤的时候，你也应该去安慰别人，让她们觉得温暖。"小外甥女点了点头。

同理心会让孩子的心不再冷漠，学会换位思考，懂得关心别人。

在小事上鼓励女孩

对于女孩来说，一切的心理疏导及行为培养，都应该从身边的小事着手。平时，在一些小事上多引导和鼓励女孩，比如，邻居临时有事，把孩子托付给你，让你暂时代为照顾，你可以鼓励孩子一起参与照顾小宝宝的工作，让她帮忙拿个奶瓶或者帮忙换个尿布之类的。

"勿以善小而不为"，从小事做起，才能积累起孩子的大善心。什么事都不可能一蹴而就，总是循序渐进的，培养孩子的善心更是这个道理。

比如，过马路的时候，遇见一个盲人，可以让女孩搀扶一下，虽然是一件很小的事，对于别人的帮助却很大。在楼梯道，有别人扔的果皮，你可以鼓励女孩把它捡起来，扔进垃圾桶，避免别人踩到摔跤。

多在这些小事上引导孩子主动付出，让善良的行为成为孩子的一种习惯。

绘本故事引导

现在很多家庭，都是“4+2+1”的模式，6个家长照顾和呵护一个女孩，难免会出现溺爱的情况，而溺爱很容易让女孩变得自私、霸道。

父母可以通过绘本及故事，给她们灌输“善良”的观念，更多的是引导她们关注及学习一些发生在她们身边的善良的行为，让她们明白，做善良的事并不难，如果她们愿意，生活中处处可以发挥善心。

当女孩在生活中做了善事，不管大小，家长一定要及时给予肯定和鼓励，让女孩有被认同感，以后再接再厉。

父母要做好榜样

父母是女孩的第一任老师，我们的行为和举止时刻都在影响孩子，所以培养女孩的善良，在生活中，父母首先应该怀有善心，常做善事。当邻居或亲朋好友哪怕是陌生人需要帮助的时候，主动伸出援手……家长的行为，女孩们都看在眼里，记在心里，慢慢地也就会内化为自己的行为。

美国《华盛顿邮报》曾刊登一篇名为《哈佛心理学家提出培养善良孩子的5种方法》的文章，文中提及，哈佛大学“推广关爱”项目研究显示，约80%的青年调查对象表示父母更关注他们的成绩或开心与否，而不在意他们是否关心别人。

我想这也是很多中国父母的通病。其实，再富足的条件，再好的成绩，也比不上善良的品质，因为它会决定一个女孩生命的宽度。

莎士比亚说：“善良的心地，就是黄金。”希望我们都能把女儿培养成身披金铠甲的人。

独立，是女孩最美的姿态

01

我女儿上幼儿园的时候，是班上分离焦虑最严重的一个孩子，直到第二学期，她依旧不愿意上幼儿园，每天出门前都会缠着我说："妈妈，我舍不得你，我会想你的。"到了幼儿园，也会让我帮她一起把书包里的东西拿出来，走之前，还要搂一搂，亲个脸。

偶尔，我有事外出，把她托给住在隔壁小区的爷爷奶奶，女儿都要哭上很久，即使爷爷奶奶承诺给她买玩具，带她去游乐场，她也要难过很久。

平时在家里，明明已经会穿衣服，她也不会主动穿。玩过的玩具，让她收起来，她也不愿意，要么大哭大闹，要么拉着我一起收拾。

幼儿园布置的作业，给图案涂色之类的简单作业，她也特别不乐意独自做，一边涂色一边叫嚷："我不会，怎么涂啊，妈妈，你拿着我的手教我吧。"

女儿的依赖心理，有一段时间让我特别烦恼。

但是，不管什么时候，孩子的问题都可以在家长那里找到症结。我仔细反省了一下，在女儿上幼儿园之前，她爷爷奶奶是和我们住在一起的，经常会插手帮她做一些事，让她习惯了依赖，抗拒独立。

女孩的依赖心理其实是缺少自信的一种表现，同时，也是缺少独立思维，缺少对自己大脑的支配权。因此，不够独立的女孩常常会找一个独立成熟的人作为自己的依赖对象。

有了能代替她们思考、帮她们做主的人，她们就会得到心理上的满足，有一种找到了依靠的感觉。一个依赖性强、不独立的女孩，在以后的情感中，往往也没有办法独立。

02

在平时教养女孩的时候，父母们该如何培养女孩的独立性，克服她们的依赖心理呢？

不要总是替女孩解决问题

在女孩的成长过程中，总会遇到各种各样的问题，她应该怎么办？父母又该如何面对陷入困境的女孩呢？

有些父母可能会选择直接帮忙，有些则在旁边指手画脚……两者都不是鼓励女孩自己想办法，发现自己的能力，发现自己动手做事情的意义和乐趣，而是把女孩限制在某一个层面停滞不前，使她失去获得必要经验的机会。

父母总是替女孩解围，不仅扼杀了女孩的探索欲，还会让女孩养成懒于思考、过度依赖的坏习惯。

因为习惯于父母的“伸手”和“包办”，在以后的生活里，女孩很难做到独立生活。

教育孩子，从来都是“授人以鱼不如授人以渔”。

别急着替女儿解决问题，要让她们学着自己去解决问题，这样才能提高女孩的自立能力，克服她们的依赖心理。

让女孩子自己找答案

女孩在成长的过程中，是充满好奇心的，会有各种各样的问题要问父母，但如何让女孩得到答案，这很关键。

春天里，我们所在的城市，漫天的柳絮飞扬，每次我打算给女儿戴口罩的时候，她都会问我："妈妈，这是什么啊，下雪了吗？为什么要戴口罩啊？"

我问她："下雪的时候，你都穿什么衣服啊？"

她说："穿棉袄，还戴手套和帽子。"

她看看自己身上的一件花裙子，抬眼看着我说："妈妈，这不是雪，因为我没有穿棉袄，不是冬天。"

那天，正好在小区里遇见了蒲公英，我摘了一朵递给她，让她对着吹，她一吹，蒲公英的种子就飞了起来。

她高兴地跳着说："原来这飞的是蒲公英的种子。"

我点点头说："是的，除了蒲公英的种子，还有柳树和白杨树，它们也会飘出这些白色的絮状物。"

周末，我带她去公园玩的时候，特意带她去看了柳树和白杨树上的这种絮状物。

至于为什么要戴口罩，我把一团絮状物蹭在她脸上，问她有什么感觉，她说痒。然后，让她想一想，还有什么危害？

她说："有一次，我把它们吸进鼻子里了，结果打了一个喷嚏才喷出来。"

我一步步引导女儿，让她思考，这样不仅让她愿意动脑，而且，也有一种解开问题的成就感。这种成就感会让她慢慢戒掉依赖感，下次再遇见问题，自己会先尝试寻找答案。

设置困难和障碍

我女儿曾经是一个依赖性很强的女孩，有一次，我在阳台上晾衣服，她在里面玩阳台门上的锁，结果一不小心把锁给锁上了。

其实，那个锁只要往下一拉就开了，可不论我如何教她，她都一个劲在那里哭，哭累了，就躺在地上哭，后来哭着哭着就睡着了。

我迫不得已，只能打电话给公婆，让他们来开门。

有了这次前车之鉴，我觉得有必要给女儿一些磨炼。有一天，我和她在卧室，我特意把门给反锁了，然后，我佯装打不开门，问她是否可以。

她试了几下，打不开，她就想放弃了，我在旁边鼓励她："你再试试，肯定可以打开的。"她又试了几次，门果然打开了，我夸奖她善于思考解决问题，她开心得不得了。

后来在生活中我会不时地设置一些小困难和障碍，让她去解决。比如，在她穿衣服之前，我会故意把衣服扣子给扣上了，她必须解开扣子才能把衣服穿上……在很多诸如此类的小事上磨炼她的耐心，让她主动思考去解决问题。

生活中学会放手

在网上看到了一则新闻，一个留学生请同学吃饭，想做一个西红柿炒鸡蛋，却不知道如何下手，只能给父母打电话求助，大半夜的老两口给远在千里之外的儿子演示如何做西红柿炒鸡蛋。

有一个词叫"鹅卵石效应"，说的就是把鹅卵石放在杯子里后，还可以再放碎石子、沙子和水。

可是，这个顺序一旦颠倒，杯子里就完全装不下这么多东西。这就如同教育孩子，很多父母一味追求成绩，而忽略了孩子的生活习惯的教育。

生活中，女孩可以独立完成的事情，父母就放手让她们自己去做，她们没有办法独立完成的，就给她们一些时间，在旁边去引导和鼓励。

有的父母为了追求做事的效率，常常忍不住就给孩子包办了，比如，女儿都上幼儿园了，有些家长在家依旧会给孩子喂饭，理由是孩子吃得慢，怕饭凉了。饭凉了可以再热，但是，女孩的依赖性一旦养成了，很难改正。

所谓“求人不如求己”，不依赖、独立性强的女孩，才能拥有独立的人格。

今时今日，独立的女孩才能适应时代发展的要求。重视女孩的自立教育，克服女孩的依赖心理，已经是教育女孩的必修课。

独立应该是父母教给孩子的第一个本领。独立的孩子才更有创造性，在学习上也更有自己的一套方法。

撕掉“嫉妒”的标签，女孩才能成为一个心胸宽广的人

01

我女儿小时候有一个关系特别好的小伙伴，叫宁宁，两个人同在一所幼儿园，放学基本上都在一起玩。

有一次，我给女儿穿了一件公主裙，上面还缝制了一个特别可爱的蝴蝶结，放学的时候，宁宁妈看见了，就夸我女儿这件裙子很漂亮。就在这时，旁边的宁宁双手抱在一起，头扭到一边，嘴巴不乐意地“哼”了一声。

那天，宁宁没有和我女儿一起玩，而是拉着妈妈直接回家了。看着宁宁的小背影，我女儿难过地说：“妈妈，宁宁怎么了？”

为了不破坏她们之间的友谊，我告诉女儿，也许宁宁今天累了，想回家休息一下，你可以找其他小朋友玩，也可以回家。

因为平时都是和宁宁一起玩，小玩伴回家了，女儿也就没有了兴致，说还是回家吧。

晚上，宁宁妈给我发来消息，说宁宁今天是犯了嫉妒心，因为她夸奖了我女儿的裙子漂亮，回来的路上宁宁一直说我女儿皮肤黑，穿白色的裙子不适合……

我告诉宁宁妈，不要因为她的这些话批评她。等她情绪平静下来的时候，再告诉她，这样评价小伙伴是不好的。

嫉妒心是女孩成长道路上一个很正常的阶段，不需要过度紧张，但是，如果女孩出现了嫉妒的情况，父母还是需要正面引导一下。

嫉妒是人性中存在的一个弱点。

有一段时间，我女儿的嫉妒心也是爆棚。寒暑假的时候，我会带她去姥姥家玩，小姨家的孙女和我女儿相差7个月，两个人经常在一起玩。

相对于我女儿来说，小表妹偏瘦，个子也要高一些。偶尔，家里来了亲戚就会问，她们两个年龄是不是一样大，这时，我一般都会如实地说女儿比小表妹大7个月，有的亲戚就会随口说："哦，那小表妹还高一些呢。"

因为这件事，女儿就不乐意了，在玩游戏的时候，各种刁难小表妹不说，态度也特别不好。

每天晚上睡觉前，是我们的亲子时间，那天晚上我就和她聊天，问她是不是不太喜欢小表妹。她一听我聊的是这个话题，就开始有一点激动了，愤愤地说："个子高有什么啊，我溜冰还比她好呢，我画画也比她好。"

我点点头，表示认可她说的话。我说，每个人都有自己的优点和擅长的事情，比如，你刚刚说的，画画和溜冰都比妹妹好，所以妹妹个子比你高，你不用生气，你以后可以多吃一些有营养的食物，多吃水果，不要挑食，这些对长个子都是很有好处的。女儿听了点点头。

02

心理学家认为嫉妒分为两种：一种是激性嫉妒，其特征是应激性，来势凶猛，容易导致突发事件；另一种是心境嫉妒，它与心境有关，起作用虽然缓慢但是最终会让一个人变得忧心忡忡、郁郁寡欢、倍感孤寂，甚至会积愤成疾。

一旦女孩有了嫉妒心，在嫉妒心的驱使下，女孩会事事争强好胜，还会想着给别人使绊儿，这样的话就会让女孩在人际交往中被孤立。

嫉妒是一种不良的心理状态，对女孩的健康发展是极为不利的，家长一定要重视。

想消除女孩的嫉妒心，首先要了解让女孩产生嫉妒心的原因。

一般来说，以下的三个原因会导致女孩产生嫉妒心：

家庭的影响

如果在家里，父母或者是其他家庭成员之间互相猜疑、互相看不起，或者当着女孩的面议论、贬低他人，会在无形中影响家中的女孩。

后来，我反思了一下，为什么我的女儿会嫉妒妹妹个子比她高，可能是因为有时孩子爸在家里会开玩笑地对我说“你少吃点吧，都胖成这样了”，我就很生气，会举出很多人虽然瘦但是身体不健康的事例给他听。可能这些反驳的话略微偏激，潜移默化地对诺诺造成了影响，当她发现别人比她好的时候，会有嫉妒心，略过别人的优点，只看到缺点。

能力强，爱攀比

一般而言，各方面能力比较强的女孩，内心也更加好强，容易有攀比的心理，一旦在某个方面比不过别人，可能就会产生嫉妒；而相对来说，各方面能力比较普通的女孩，比较不容易产生嫉妒的心理。

我女儿的幼儿园同学宁宁，就是一个各方面都很强的女孩，会弹钢琴，会画国画，会跳拉丁舞，经常得到别人的夸奖。所以，当她听见妈妈夸奖我女儿的衣服好看，而没有夸奖她的时候，她就生气了，因为嫉妒心在作祟。

不恰当的教育方式

家长有时在批评或者唠叨女孩的时候，可能会不经意地说哪个小朋友比她好，比如“你看妮妮，人家比你听话多了，你为什么一点都不听话”。听见这样的话，女孩可能会误以为爸爸妈妈喜欢别的小朋友，而不喜欢自己，由此会因为不服气而产生嫉妒心理。

03

英国哲学家培根曾说："嫉妒这恶魔总是在暗暗地、悄悄地毁掉人间的好东西。"

嫉妒也会毁了一个好女孩，对于女孩的嫉妒心，家长还是要在了解原因之后，重视起来，并且正确地引导，帮助女孩撕掉"嫉妒"这个标签。

这里提供几个方法供家长们参考：

了解嫉妒产生的原因

上面分析了三种可能会让女孩产生嫉妒心的原因，家长可以根据自家女儿的情况对号入座，只有了解了女孩嫉妒的原因，才能对症地解决问题。

倾听女孩的感受

女孩的嫉妒都是直观的、真实的，甚至是很自然的，不会像成年人的嫉妒心理那样掺杂着许多因素，它只是女孩对自己愿望不能实现而产生的一种本能的心理反应。所以，父母不要批评女孩的嫉妒行为，而是耐心倾听她们心中的烦恼，理解她们没有办法实现心中愿望的烦恼，这样利于孩子宣泄。

正确评价女孩

父母恰当地表扬女孩，可以增加她们的自信心，强化她们的优点。但是，如果过度或是不当的表扬，会使女孩产生骄傲的情绪。

年龄较小的女孩，自我意识刚刚萌芽，不会全面地看待问题，也无法正确地评价别人和自己。所以，父母的夸奖应该客观正确，既赞扬女孩的优点，也要指出她们的缺点，让女孩明白每一个孩子都有优点，也有缺点，帮助女孩正确认识和评价自己。

帮女孩分析她与别人的差距

女孩受年龄限制，无法对事物进行全面分析，她们可能会把自己的嫉妒简单归因于嫉妒的对象，比如，谁比她好，她就会嫉妒这个人，而不考虑其他因素。

父母可以帮助孩子全面地分析一下，导致孩子和其他人之间有差距的原因，这些差距能否缩短，可以从哪些方面着手去努力……以积极的心态化解孩子内心的嫉妒。

比如，诺诺因为小表妹个子比自己高而心生嫉妒，但是，她不会去想为什么小表妹比自己高，只是单纯地嫉妒。我就告诉她，小表妹不挑食，蔬菜、海鲜和水果都吃，所以才会长得高，以后，只要你不挑食，好好吃饭，营养全面，也会长得高。

培养女孩的好心态

父母也可以教育女孩去理解人与人之间客观存在的差异性，让女孩明白每个人都有自己的优势和长处，也有自己的劣势和缺点。鼓励孩子发挥自己的长处，弥补自己的短处。同时，要认可别人的长处，欣赏别人的优点，也要接纳别人的短处，不要嘲笑别人。

良好的心态，会淡化女孩的嫉妒心。

对女孩进行美德教育

越有能力的女孩，越容易萌发嫉妒心，因为她们觉得自己明明如此优秀，却没有得到别人的表扬和赞美，所以会对那些得到表扬和赞美的孩子产生不服气的嫉妒心理。

父母可以通过对女孩进行美德教育，让女孩懂得“谦虚使人进步，骄傲使人落后”的道理，让女孩明白，即使没有人表扬她，她的优点依旧存在，在保持优点的同时，不断学习别人的长处，就会使自己的能力变得更强，得到更多人的喜欢和认可。

凡事都有两面性，有嫉妒心的女孩，大多数都是争强好胜的性格，父母可以正确引导孩子，多带她们参加集体活动，多见识一些人和事。让她们明白，这个世界上优秀的人实在太多了，一山还比一山高，嫉妒是不会让人更加优秀的，只有不断地学习和成长，才能成为更好的自己。

对于嫉妒心理，很多成年人都没有“免疫力”，所以父母也要接受女孩的嫉妒，正视它，引导孩子，让嫉妒成为推动女孩进步的力量。

诺诺上三年级的时候，她最好的朋友娟娟钢琴考过了八级，我无意中感叹了一句“娟娟真不错，这么小就过了八级”，诺诺就不高兴了。

后来，诺诺偶尔会和我说一些娟娟在学校的表现，但都是一些不好的事，比如忘了带抄写本，跳绳不及格之类的。一开始，我并没有在意诺诺说这些的目的，后来发现她是出于对娟娟的嫉妒。

有一天晚饭后，我提出一起散步。散步时和她说起了自己上小学时，有一个玩得很好的朋友，成绩比我好很多，我心里有一点不高兴。于是，我就把她考试的分数，当成我努力的目标。经过半年的努力，我终于赶上了她。当然，这半年我也很辛苦，因为成绩没有她好，学习的时间比她多了很多。

诺诺眼睛闪着光说：“我也要好好学习，一定要超过娟娟。”

其实，孩子有嫉妒心并不一定是坏事，至少说明他们能够看到别人比自己好、比自己强，父母可以把他们的嫉妒心化成努力的动力，去激励孩子变得更好。

自卑的孩子，很难过好这一生

01

女儿的学校要搞六一文艺会演，开始在班里挑选能唱会跳，或者是活泼开朗的孩子，准备排练一出舞台剧。

在班级群里一看到这个消息，我就极力鼓励女儿参加，因为她学过几年的舞蹈，有基础。而且，她特别擅长模仿，对即兴表演这一块，特别有天赋。

可她不停地摇头说："你不知道，我们班很多女孩都特别厉害，不仅会跳舞，还会弹钢琴、古筝，我已经好久没练舞蹈了，肯定不会被选上的。"

后来，我和班主任说了一下这个情况，希望她可以在班上点名，建议女儿去试试。

要不是用了这个方法，女儿肯定是不愿意试一试的。结果，在试演的过程中，女儿表现特别不错，赢得老师和同学们的频频鼓掌。

班主任和我说，不管是学习方面还是别的方面，我女儿其实都特别优秀，但她是一个不自信的孩子，每一次摊派什么任务给她，比如一帮一的学习小组，让她辅导一个成绩不太好的同学，她都会推托，说自己学得也不太好。而班上很多成绩不如她的同学，反而自信满满地跃跃欲试。

仔细想想，女儿之所以有自卑感、不自信，和我的教养方式肯定是有关系的。

可能和我平时对她要求过高有关系，因为她不管是做事还是学习，总是粗心大意的，所以每次写作业，我都会不放心地抽查。平时在生活上，一旦发现她粗心，也是比较严厉地批评她，偶尔气急了，还可能口不择言……可能正是因为我这种高要求，才会让她觉得自己不如别人，变得自卑。想到是自己的问题，我就及时地调整，改变了教养的方式。

首先，多发现女儿身上的闪光点，让她的长处显露出来，强化她的长处，让她享受成功的快乐。

女儿动手能力强，特别喜欢做手工，而且每次都做得挺好的，所以周末的下午，我和她一起做手工，用橡皮泥去捏小动物。

同样的一个造型，在女儿手里，捏几下就变成了一个栩栩如生的小动物。而我折腾好久也捏不出自己想要的造型，最后我挫败地说："我真的没有办法捏好，你看你捏的，一个个都特别好，神态惟妙惟肖不说，还能根据自己的喜好搭配颜色。"

听我这么一说，女儿眼睛闪着光，她跟我说，上次从学校买了一盒塑料的拼豆豆，拼在一起，然后用电熨斗一烫，就粘在了一起。她已经做了很多个作品送给同学们。

那一刻，我看到了女儿的自信。

02

心理学家认为，自卑可以分为原生自卑和次生自卑。不当的家庭教育是原生自卑形成的最常见的原因，父母不断强调孩子的缺点及所犯的错误，不断地否定孩子，拿他与其他孩子做比较，孩子认为自己始终比别人差，从而产生最初的根深蒂固的自卑感。

平时教养女孩，父母如何做，才能让女孩远离自卑，重拾自信呢？

语言暗示

如果对女孩多说一些积极的、暗含鼓励的语言，就能让女孩产生积极的情绪，消极的心态就会被取代。比如，在孩子不愿意做一件事的时候，我们可以说：“你一定可以的。”“我觉得你很棒。”

在女孩做一件事之前，对她们说鼓励和赞美的话，要比在失败之后安慰她们，更容易让孩子建立自信。

无条件支持女孩

当女孩想做某件事，或者不愿意做某件事的时候，父母尽量尊重她们的想法，给予一定的空间。自己的行为被父母肯定和支持，会让女孩获得积极的情绪，这对于克服自卑也有很大的好处。

其实，对于女儿平时花很多的时间做手工，这件事我原本是犹豫的，最后选择了支持，是为了让她在自己擅长的事情里发现自己的能力，建立起自信。

只要她在完成了作业、不耽误休息的情况下做手工，或者做任何她感兴趣的事，我都会选择支持。

降低标准

每一个女孩的能力都是不同的，一味用别人的标准去要求自己的女孩，这样的做法是不妥的。

让女孩做自己能力范围内的事情，就避免了她们会因为做得不够好而深受打击，至于进步和提高，在孩子能力范围内，鼓励她们每次去挑战一点高难度，日积月累，一样会有可喜的效果。允许女孩有自己的成长“节奏”，而不是根据别人的步伐来。

当女孩完成某件事的时候，父母要及时给予适当的鼓励和夸奖，当然，夸奖最好具体到某个点，比如，“你今天表现不错，吃完饭以后，把自己的饭碗收到了厨房”。或者是，“你今天表现很好，在爸爸妈妈没有提醒你的情况下，到时间就去刷牙洗脸睡觉了”。

这种言之有物的夸奖，会让女孩看到自己“好”在哪里，也会让她们以后努力做得更好。

微笑面对失败

很多自卑的女孩无法面对失败，觉得失败是一件不光彩的事情，所以引导女孩微笑面对失败，也是帮助女孩克服自卑的一个好方法。

可以给女孩讲一些名人也曾经经历失败，在失败中总结经验，最后达到成功的事例。或者在生活中，让孩子看到爸爸妈妈也会失败，但是，最重要的一点，不被失败打倒，不向失败低头，而是迎难而上，战胜失败。

孩子能正确看待成败，也能正确看待得失，自卑的心态自然会有所改善。

让女孩多交朋友

友谊对女孩而言十分重要，可以改变她们的许多方面，比如性格、兴趣。

带女孩多交朋友，制造机会让女孩邀请同学来家里做客，不干涉她们游戏的内容，会玩的女孩，更有创造力，也更有自信。

朋友圈也是一个浓缩型的“小社会”，鼓励女孩多和朋友相处，这对于她们在以后的工作和生活里敢于表达自己，发挥自己的能力，都是十分有帮助的。

一个自卑的孩子，越长大可能越不快乐。而一个自信的孩子，才可能活得自由自由，快乐幸福。

俞敏洪说自己曾花了10年才从自卑里走出来，他说：“自卑是一种比狂妄还要糟糕的情绪，因为它导致你失败，而什么都不敢去做。”

一旦发现女孩有自卑的苗头，父母一定要多加注意，多关注孩子，要看到和肯定她的优点，适当降低一下自己的要求，无条件接纳孩子，多鼓励她们：即使这一次做得不太好，下一次努力，一定会比这次好。

父母的肯定和鼓励是孩子人生道路上最温暖的动力。

对孩子来说，“宽容”是一种财富

01

周末，约了朋友一起逛街，她家也是女儿，和诺诺可以玩到一块儿。

为了方便逛街和吃吃喝喝，我们选择了一家商场。吃完饭，两个女孩一致说想去游乐场玩。

可是，进游乐场不到半个小时，朋友的女儿就跑到她跟前告状了，气呼呼地说：“我不和诺诺玩了，她讨厌死了。”

朋友抱歉地对我笑笑，我说：“没关系，女孩本来就是比较敏感一些。”

我喊诺诺过来，询问发生了什么事情。原来因为一件小事两个人发生了摩擦，诺诺想去挑战攀岩，但是，朋友家的女儿害怕，不愿意去，她也不允许诺诺去，说好朋友就是要在一起，不能一个人去做某件事。

了解了前因后果，我告诉朋友的女儿：“即使你们是最好的朋友，你也不能阻拦她去做自己喜欢的事。”

不管我怎么说，小姑娘坚持认为如果诺诺独自去攀岩了，她们就不再是好朋友了，而且说，刚才一起玩游戏的时候，诺诺违规了，自己还没有原谅她。

朋友无奈地摇着头说，她这个女儿就是特别计较，平时和小朋友在一起也是，谁要是玩游戏出了错，她就必须把那个小朋友“开除”。

朋友的女儿很显然不是一个宽容的女孩。

我一直认为，宽容是一种美德，体现做人的风度和境界。宽容能使女孩性情和善，心灵美。宽容的女孩能容人之短，理解别人的难处，也会让自己收获更多的友谊。人无完人，如果不能宽容别人，也会把自己逼入一种“绝境”。

因为朋友女儿的不依不饶，朋友后来把她从游乐场带了出来，提前结束了这场聚会。过了一会儿，诺诺在游乐场里结识了一个同龄的小伙伴，两个人在一起玩得很开心。

看着朋友女儿倔强的小背影，我有点心疼她的固执。

02

父母培养女孩宽容的品格，可以让女孩拥有一个宽广的胸怀，不仅让自己生活得舒心，也能让周围的人轻松自在。

在日常生活里，父母应该注重自己对女孩的教养方式。

为孩子树立榜样

苏联教育家苏霍姆林斯基说：“人的全面发展取决于母亲和父亲在儿童面前是怎样的人，取决于儿童从父母的榜样中怎样认识人与人之间的关系和社会环境。”

我和那个朋友曾经一起共过事，在公司里，她也是一个不能宽容别人的人。有一次，一个同事借用了她的订书机，忘记归还给她，她特别生气，说下次再也不借东西给这个同事了，借她东西，还得等她开口去要。

不管是谁，要是和她在一起负责一个文案，哪怕出了一点错，她都是绝不饶人的，会一直揪住别人的错不放，把自己搞得像个祥林嫂，逢人就说自己被拖累得多惨，时间长了，她在公司里的人际关系特别差。

她女儿之所以这样，和她平时的待人处事是分不开的。

如果父母的个性是斤斤计较的，那么，女孩也一定会学习到这个“技能”，揪住别人的错误不放，甚至会拿别人的错误来“惩罚”自己，自己不会开心，别的小朋友和她相处也不会开心。

如果父母是大度、宽容的，与朋友、邻居之间相处融洽，女孩就会学着父母的样子，去处理和小朋友之间的关系，也会表现得宽容、乐于助人。当小朋友犯了错，她不仅会接受，还会帮助别人，拥有乐于助人的好品质。

女孩犯错，父母的处理方式很重要

那天，我和朋友带着孩子去商场的路上，她女儿把出租车窗给摇了下来，当时下着雨，雨点一下子就飘了进来。在朋友的呵斥下，她女儿赶紧关了窗子，可是，朋友还是不依不饶，一直在奚落女儿，说她不老实，坐个车也不能安安静静的，还翻了一次老账，说上一次坐出租车就是因为她不听话开车窗，把头上的发夹都给吹掉了。

当女孩犯错的时候，如果父母的态度是一味地指责、批评甚至惩罚，那么女孩可能也会把这种方式用在别人的身上。正确的做法应该是告诉女孩，犯错误在所难免，只要下次注意，小心一点就可以避免。父母要善于包容女孩的错误，重要的不是惩罚她们，而是引导她们认识到自己的错误。

当孩子犯错，父母可以这样做：一针见血地指出问题所在，引导或者帮孩子一起找出解决问题的办法。不要过多批评和指责，尤其不要翻旧账，因为这样不仅会损伤孩子的自尊心，还会引发孩子的叛逆心。

教女孩学会换位思考

换位思考就是当双方产生矛盾时，能够站在对方的角度去考虑问题，想一下对方为什么会这样做，如果换成自己，会不会这样做，只有这样才能真正理解对方。

有一次，诺诺弄坏了小朋友的一个玩具，小朋友伸手就打了她，她非常生气，说以后再也不和这个小朋友玩了。

我问她，如果别人弄坏了你最爱的艾丽莎娃娃，你会不会生气？你记不记得有一次，小表弟“咬了”你的娃娃，你当时就把他推倒了，你当时肯定也是因为很生气，才会这样做的。

她歪着脑袋想了一会儿，点点头表示认可。

当孩子能够站在对方的角度想问题，才能理解别人的行为并非不可理喻，这种心理换位也会让孩子变得宽容。

让女孩多和小朋友交往

让女孩多出去和小朋友交往，只有这样，她们才会发现每个小朋友都有自己的个性，不同的人会有不同的优缺点，只有通过这种磨合，才能让孩子学会宽容别人，体会宽容带来的快乐。比如，当别人犯了错，懂得安慰别人；在游戏过程中有了分歧，会听取别人的意见；也能看得到别人的优点，并且暗自鼓励自己多学习进步。

父母正确的引导

在女孩的成长过程中，父母的引导非常重要。美国著名儿童心理学家基诺德把父母责备孩子的伤害语言归纳为以下10种：

◎ 恶言——“傻瓜，没用的东西！”

◎ 污蔑——“你简直是个废物！”

◎ 责备——“你又做错了事，简直坏透了！”

◎ 压制——“住嘴！你怎么可以不听我的话？”

◎ 强迫——“我说不行就不行！”

◎ 威胁——“我和你爸爸再也不管你了，你想走就走吧！”

◎ 哀求——“我的少爷，求求你不要这么做好吗？”

◎ 抱怨——“你竟然做这等事，太让我伤心了。”

◎ 贿赂——“你要是都考满分，暑假带你去旅游。你要是考不好，那就在家里修整花园吧。”

◎ 讽刺——“你可真替爹妈争光啊！居然考出40分的成绩。”

基诺德指出，重要的是，多给孩子理解、信任和鼓励。因为缺点、错误给孩子带来了失败的挫折。孩子最需要理解、信任和包容，唯有这样，孩子才能从失败中走出来。

曾经看到一家商场做活动，需要几十个妈妈和孩子配合拍摄一个VCR，每个孩子手中都有两个气球，有红色的，也有白色的。我身后站着一个4岁的小女孩，她手里的两个气球都是白色的，她妈妈看到了，就不停跟她说：“你去找阿姨再要一个红色，一个红色一个白色的才好看。”之所以让孩子们拿着气球，是为了开拍的时候，工作人员一声口令，孩子们就全部放飞气球，场面会很好看。有的孩子拿的是两个白色气球，有的孩子拿的是两个红色气球，其实没有刻意分配颜色。女孩不愿意去要，她妈妈就一直怂恿她，还说，别人手中的气球都不一样，很好看，你这不好看。后来，女孩低下了头，妈妈还一直在嘀咕。

其实，这样的妈妈教育出的女孩，一定不会有宽容之心。一件无关紧要的小事，她都一定要达到自己的“理想”，难免会让女儿学到她这股计较的劲儿。

所以一个女孩是否有宽容的心，离不开父母正确的引导。什么事情我们需要较真，什么事情我们应该宽容对待，需要父母在平时的生活里一点一滴教给孩子。

宽容不是懦弱，也不是盲从，而是在明辨是非的前提下，有所为有所不为，对长辈尊敬，对朋友谦让，对于坏人或者得寸进尺的人，则要坚持原则。

教给女孩宽容，是给她们最好的礼物，也是给她们最好的保护。

第七章

培养女孩的好习惯，比分数重要百倍

聪明的父母会带孩子一起做家务

01

在幼儿园里，老师每天都会安排一位班长。班长要做的事，就是在这一天帮老师做一些力所能及的事，比如收拾桌子，帮老师分发餐具等。

孩子们都很乐意当班长，甚至，当自己的“工作”被代替了，还特别不开心。班上有一个小女孩却拒绝当班长，因为她不想帮老师做事。

后来，老师和她父母沟通，才知道她在家里是“众星捧月”的小公主，除了吃喝玩，穿衣和收拾玩具这些都由家长代劳。平时生活里，虽然也要求过她收拾自己的玩具，可都被她拒绝了。

我的小侄女从小是跟着我妈一起生活的，我妈基本上什么事儿都给她包办了，家务这种事儿压根就不可能让她碰，导致小侄女的自理能力很差。

假期里，我带着孩子回娘家小住几日，正好赶上我妈照顾我姥姥，所以那几天晚上都是我在帮忙照顾小侄女。有天晚上，诺诺和小侄女在客厅摆了很多芭比娃娃的衣服，等到洗漱睡觉的时候，诺诺开始收拾玩具，并且嘱咐小表妹一起收拾，却遭到了拒绝。一开始她说东西太多了，只有她俩根本收拾不完，后来，又要求我过去帮忙收拾。

等我妈回来，我和她说了这件事，她说自己从来就没有要求过小侄女收拾东西，所以她根本不会。

小侄女和诺诺就相差一岁多，然而不管在家务上，还是自理能力方面，都要比诺诺差很多。

02

其实，让女孩适当做一些家务，对她们有很多好处，家长们应该了解一下。

增强女孩的意志

很多家务，对于初学的女孩来说，并非是一件容易的事。比如收拾玩具，玩得太疯，玩具丢得这里一个、那里一个，有些还在沙发或者凳子底下等对孩子而言没那么容易拿到的地方，她们必须开动脑筋想办法，孩子的耐心就在这个过程中得到了锻炼和增强。

在女孩年龄小的时候，鼓励她们做一些力所能及的家务，能让孩子的手眼协调能力得到锻炼。

培养女孩的责任感

平时，家长应该多给女孩灌输这样的观念：自己的事情自己做，由此开始培养女孩做家务的责任心。比如，先从收拾玩具、穿衣服等应该由她们自己负责的事开始，再逐渐扩展到帮助家人，比如在妈妈做家务的时候给妈妈打下手，让女孩感受到为家人出一份力的成就感和幸福感。

丰富知识、发展智力

做家务的时候，女孩能接触的东西及细节很多，能给她们积累丰富的生活知识，这些都是在学校里学习不到的。另外，经常动手，不仅能让手部的精细活动变得灵巧，而且能促进大脑中枢神经的发展，使人变得聪明。

很多国家都很注重青少年的劳动教育。

美国：中小学生在课余时间会给人打工，如洗车、送报、看孩子等。

日本：规定小学生每天参加42分钟的劳动。

英国：要求小学生每天必须参加不少于36分钟的劳动。

德国：在法律上规定6～18岁的青少年应承担的家务劳动项目和数量。

提升女孩动作技能

两岁以后，很多家长都会给女孩买一些可以锻炼孩子手眼协调能力的玩具，其实，通过做家务就可以达到同样的效果。比如，让女孩叠衣服，可以锻炼她们的小肌肉，擦桌子或者扫地，可以锻炼她们的大肌肉。

另外，经常做家务的女孩子，身体的协调性会更好。

增加女孩的自信

孩子完成一项家务，得到家长的赞美和夸奖，这对于她们来说，会增加成就感，自信心也得到提高，这对于她们以后的学习和生活都十分有帮助。

通过劳动，女孩会感觉到自己是一个“有用”的人。

学习分类归纳

女孩做家务的时候，会涉及物品分类归纳。比如，玩具放在哪里，故事书放在哪里，小衣服放在哪里，从小培养女孩的学习和归纳能力，不仅对以后的生活有好处，对工作也有很大的帮助。

曾经有一个朋友，就是因为分类归纳能力强，刚进公司还在实习期，就被直接升为经理的助理。因为她的经理是一个特别不擅长整理和归纳的人，有了这样的助理，每天的工作都轻松和简单许多。

解决问题的能力

在做家务的过程中，女孩会发现很多问题。比如，玩具箱满了，还有很多玩具没有收拾怎么办？

有了问题，她们就会想办法解决，刚开始可能解决得不是那么完美，可是，在反复练习后，她们会分析问题，如何更合理地应对，从而提升解决问题的能力。

哈佛大学的一项研究表明：爱干家务的孩子和不爱干家务的孩子成年之后的就业率比对为15：1，犯罪率比对是1：10。而且，爱干家务的孩子，离婚率低，心理疾病患病率也低。

03

关于教女孩做家务，父母也需要知道以下几件事：

根据孩子的年龄选择合适的家务

这里提供每个年龄阶段的孩子适合的家务，以供参考：

◎ 9～24个月：可以给孩子一些简单易行的指示，比如让宝宝自己把脏的尿布扔到垃圾桶里。

◎ 2～3岁：可以在家长的指示下把垃圾扔进垃圾桶，或当家长请求帮助时帮忙拿取东西；帮妈妈把衣服挂上衣架；浇花；晚上睡前整理自己的玩具。

◎ 3～4岁：更好地使用马桶；洗手；更仔细地刷牙；认真地浇花；收拾自己的玩具；喂宠物；睡前帮妈妈铺床，如拿枕头、被子等；饭后自己把碗盘放到厨房水池里；帮助妈妈把叠好的干净衣服放回衣柜；把自己的脏衣服放到装脏衣服的篮子里。

◎ 4～5岁：能自己独立铺床；准备餐具；饭后把脏的餐具放回厨房；把洗好烘干的衣服叠好放回衣柜；自己准备第二天要穿的衣服。

◎ 5～6岁：能帮忙擦桌子；铺床/换床单；自己准备第二天去幼儿园要用的书包和要穿的鞋；收拾房间。

◎ 7～12岁：需要学会做简单的饭，帮忙擦地，清理洗手间，扫树叶，扫雪，会用洗衣机。

◎ 13岁以上：能换吸尘器里的垃圾袋；擦玻璃；清理冰箱；清理炉台和烤箱；做饭；列出要买的东西的清单；洗衣服；修理草坪。

家长一开始要陪着女孩一起做家务

对于孩子来说，家务是一项新技能，即使家长每天都在做，孩子却不一定都能学习到。所以，一开始家长需要陪着孩子一起做家务。

比如，如何扫地、择菜、收拾房间，这些家长可以先给女孩做一个示范，让女孩在旁边仔细观察。比如，教女孩叠衣服，可以边叠衣服边告诉女孩具体的步骤，动作慢一点，告诉她们动作的要点，而不是简单地下指令，然后袖手旁观，因为如果一开始就屡屡受挫，她们可能会从此失去做家务的兴趣。

等到女孩有了独立做家务的能力，家长就可以放手让女孩独立完成家务了。

家长要示弱

很多父母累死累活地为女儿包办一切家务，结果不仅没有养出一个懂得感恩的女孩，反而导致女孩不懂得体谅父母的辛苦。

懂得适当示弱的家长，才能收获一个更加勤劳的女孩。比如，我会告诉诺诺："妈妈有点头疼，等会儿你把玩具收一下好吗？"

她就立马很懂事地说："好的，妈妈，你歇着吧。"

过了一会儿，我发现她不仅收拾了玩具，把故事书都放好了，还倒了一杯温水给我喝。

家长适当地示弱，能给女孩成长的机会，也会让女孩明白，爸妈也有虚弱的时候，也是需要被照顾的。

给女孩做家务的机会

很多家长总抱怨和唠叨女孩不做家务，但他们没意识到，其实自己从来没给孩子做家务的机会。因为孩子年龄小，做事慢，可能也没办法一次把事情做好，有的家长就觉得，与其等孩子做完，不如自己顺手就把事情做了，回头却又抱怨孩子什么都不干。

多给女孩一点耐心，多给她们一些做家务的机会，孩子的动手能力不及成人，但熟能生巧，爱劳动的女孩都是一次次锻炼出来的。

多鼓励，少说教

女孩毕竟年龄小，做家务的时候，不可能像大人那么利索，做得那么到位，只要她们愿意去尝试和努力，都是非常值得表扬和鼓励的。记得每次都要夸奖女孩，肯定她们的进步，再针对做得不足的地方提出建议，这样女孩才知道如何去改进和达到更好的效果。批评可能会挫伤女孩的积极性，夸奖则会让她们有信心，也愿意继续去努力。

中国教育科学研究机构对全国2万名小学生进行的调查表明，做家务的孩子比不做家务的孩子，成绩优秀的比例高了27倍。另有专家指出，在孩子的成长过程中，家务劳动与孩子的动作技能、认知能力的发展及责任感的培养有着密不可分的关系。

陪女孩一起做家务吧，假以时日，你会培养出一个独立、自信，对自己的生活特别有规划的好女孩。

这样教女儿，她的“计划能力”才会强

01

女儿上了小学之后，我发现了她的一个缺点——做事缺乏条理性，也没有任何的规划，想起一出是一出，一会儿做这个，一会儿弄那个。

比如放学之后，她先是坐在沙发上看了一会儿电视，在我的督促下开始写作业，可不一会儿，出来说饿了，吃了点东西，又开始拨弄黏土……结果，到晚上8点，她作业还没有完成，急得直哭。作业没有完成就不能睡觉，可不早点睡，第二天起床就是个问题，迟到了还得被老师说。

其实，老师布置的作业，如果专心做，40分钟就完成了。但是，从放学到睡觉有4个小时的时间，她都没有完成。

“犯迷糊”是很多女孩的特征，但是，这样在生活中是很吃亏的，不仅浪费时间，还会消耗个人精力。

女孩做事缺乏条理和计划，说明了一个问题，就是她们的逻辑能力不强，处理问题也缺乏系统性。这个和孩子的年龄无关，父母需要帮助孩子纠正，适当地进行引导。

02

关于做事，陈安之说："订目标，做计划，大量的行动。"

一个女孩做事有计划，对于她来说，不仅是一个好的习惯，也是她能胜过别人最重要的一个因素，更重要的是能反映出她做事的态度，这是一个人能否取得成功的重要因素。

那么，父母该如何培养女孩做事的计划性呢？

放手，让女孩独立做事

生活中，很多父母一方面心疼孩子辛苦，另一方面又担心女孩没有办法做好事，所以总是去帮她们完成，这样"帮"下去的后果，就是发现女孩们越来越不独立。

女孩自己做事的权利被剥夺了，久而久之，她们也感受不到自己做事的快乐，也就没有任何的积极性，习惯了依赖父母。

一开始，让女孩自己做事难免会出错，但是，孩子都是在错误中成长的，尤其是女孩，多一些"试错"，也会锻炼她们的耐挫力，不会轻易被一点困难打倒。一次不行，那就两次……在一次次的试错中，女孩也会得到经验的积累。父母应该做的就是鼓励和支持，在她们完成之后，一定要适当地夸奖。

父母和女孩一起制订计划

著名的时间管理专家阿列斯·伯雷说："一天的日子，就如同是一个行李箱，如果你懂得装箱的技巧，一个箱子就可以装两个箱子的东西。"

对于一个女孩来说，做事有计划，就是让自己多了一个"行李箱"，可以有更多的时间去做别的事。

计划，有利于女孩养成好的习惯，也会让女孩在以后的生活里更加有条理性，合理安排自己工作和生活的时间。

父母帮女孩制订计划的时候，需要注意以下几点：

☆ 计划符合年龄特征

制订计划，得符合女孩年龄发展的特征，也就是所谓“在什么样的年纪，做什么样的事”。比如，低年级的女孩，受年龄影响，保持专注力的时间有限，那么，可以让孩子做20分钟作业就休息一下。到了高年级，孩子能保持专注力的时间更长，根据作业量，我们就可以和孩子商量一下，写30分钟左右再休息。

☆ 适当调整计划

在制订计划的时候，孩子会出现不能够按时完成计划的现象，这也是正常的，父母可以根据孩子的实际情况，适当调整一下，让计划更适合孩子。

因为孩子是实施计划的人，所以一定要以孩子为主体，而不是从家长的主观意愿出发。在孩子完成计划后，记得要及时给予夸奖。

帮助女孩制订计划，这对于培养女孩做事的习惯及性情的培养都有好处，而且，制订计划，年纪越小开始越好。

制订计划对于父母和孩子来说，是一件双赢的事。孩子对于自己每天需要做什么一清二楚，心里有数，这样也就避免了父母的唠叨、提醒，不仅提高了效率，而且更利于亲子关系的和谐。

☆ 严格执行计划

虽然制订了计划，但是，让女孩按照计划完成任务，才是制订计划的终极目标。

女孩可能会以各种借口拖延和拒绝，这个时候，就需要父母起到一个“监督”的作用，坚持原则。

撒娇卖萌是女孩的必杀技，父母一定不要被这个“糖衣炮弹”所“迷惑”，因为只要有一次放松，孩子就认为规则是可以打破的，计划就会功亏一篑。

父母以身作则，做一个有计划的人

孩子在12岁之前，受父母的影响很大。所以，想让自己的女儿成为一个做事有计划的人，就需要父母给她们做一个榜样。

我是一个计划性很强的人。每天早上起床，把一天吃的菜谱列好，去买菜的时候就照着菜谱买，这一天需要完成什么家务，有什么其他需要出门办理的事，都提前在心里排好“计划表”。所以，我从来没有发生过因为忙这个事，而忘了做另外一件事的情况。

受我的影响，诺诺每天放学回到家，也会把需要完成的作业列好。写完一项勾一项，漏写作业的情况也不会发生。

每年，我都会制订计划表，完成一件打一个勾，看着上面的一个个钩，心里充满成就感。计划表不仅能督促自我，也让我看到了自己的进步。

当计划表里的任务全部完成的时候，我会奖励自己一份礼物。

诺诺一年级的暑假，我带着她一起制订了暑假计划，她全部完成了，我买了她最喜欢的水晶音乐球作为奖励。因为有了制订计划的习惯，不管是周末，还是短暂的假期及寒暑假，她一直都保留做计划的习惯，最大化利用自己的时间，而且，也保证计划的事能够保质保量地完成。

不攀比的女孩更可爱

01

朋友说自己的女儿自从升了大班后，似乎特别关注别人的穿戴，而且对别人好的穿戴充满向往。

在幼儿园开学之前，她带着女儿去批发城买开学需要的东西。可是，孩子很不屑，说不喜欢这里的东西，都乱七八糟的，看着一点也不好，想要去超市买，那里的东西好看。

有一天，朋友的女儿居然自己把妈妈给穿的衣服换掉了，说那件衣服不漂亮，别的小朋友每天都穿得很漂亮，自己也要穿漂亮些。

朋友纳闷女儿这种行为是否正常。

3～5岁的孩子，正处于审美敏感期，会对美有自己的一番理解，这是孩子成长的正常阶段，但是，如果父母引导和处理不当，很容易导致孩子爱攀比的心态。

根据产生的作用不同，攀比心理分为正性攀比和负性攀比。

☆ 正性攀比

就是指正面积极的比较，是在理性意识驱使下的正当竞争，往往能够引发个体积极的竞争欲望，产生克服困难的动力。

☆ 负性攀比

是指那些消极的、伴随情绪和心理障碍的比较，会使个体陷入思维的死角，产生巨大的精神压力和极端的自我肯定或者否定。负性攀比最大的问题在于缺乏对自己和他人的理性分析，只是一味地沉溺于攀比中无法自拔，对人对己都很不利。

12岁之前，孩子的攀比心理具有外在性和物质性，比较的大部分都是看得见摸得着、可以买得到的东西。

攀比是一把“双刃剑”，适当的攀比心，会有促进的作用，让女孩上进和努力，但是过盛的攀比心，则会导致女孩产生虚荣心，影响她们那个年纪本该有的一些特质。比如，学龄中的女孩，过多的攀比心会分散女孩的注意力，让她们无法全身心投入学习当中，甚至，使女孩的消费观念被带偏。

女孩子攀比心过重，和父母是脱不开关系的。

父母的攀比心理具有暗示性，女孩会受到影响

有的家长本身就有攀比的心理，女孩耳濡目染自然也会受到影响。

家长尽量不要在女孩面前提及谁买了什么奢侈品，什么品牌，有多好，价格多高之类的，这种话传递出来的羡慕嫉妒，就是一种无形的攀比，会对女孩的价值观造成影响。

家长不希望孩子攀比心重，自己首先就应该给女孩做一个良好的榜样。

父母常做负面比较

在生活里，很多家长都喜欢拿自己的女孩和别的女孩做比较。可能会说出类似这样的话：

“别人每次都能考得这么好，你怎么就不行呢？”“看人家多乖巧懂事，再看看你。”

家长的本意可能是想激发女孩，让女孩上进和努力。但是，这种负面的比较会让女孩有一种挫败感，甚至，无形中可能形成女孩的攀比心理。

02

有一段时间，女儿从学校回来经常跟我唠叨，哪个同学今天穿了什么新衣服，哪个同学新买的文具盒特别漂亮……语气中带着羡慕。

以往偶尔听到女儿说类似的话，我都是一笑置之，因为她也就是唠叨一下，没有太多想法，但是频繁说起这个话题，我就觉得不能再置若罔闻了，我说：“我觉得你的衣服也很漂亮啊，文具盒也不错，功能齐全。”

她摆手说：“衣服基本上都是你选的，不是我自己最喜欢的，而且，我都好久没有换文具盒了。”

发现了她的攀比苗头，我打算找个机会，和她好好谈谈这件事。

有一个周末的晚上，我们一起看新闻，看到新闻里有一个7岁的女孩，父母离异，妈妈改嫁了，她跟着爸爸和奶奶一起生活。爸爸去城里打工，7岁的她一边上学，一边还要照顾年迈生病的奶奶。她穿的衣服是有补丁的，除了上学和冬天，在家里她都是光着脚，怕费鞋。一个月就吃一次肉，书包就是我们平时用来装东西的塑料袋。

我问女儿：“你觉得你的衣服漂亮，还是她的衣服漂亮？”

女儿说她简直不敢相信，还会有人穿这样的衣服，背着这样的“书包”。我告诉她，这个世界上，有各种各样漂亮的、功能齐全的东西，因为商品需要迎合很多人的喜好。但是，作为我们来说，不必追求把所有别人拥有的好东西都买回来，而是买自己需要的，不管是吃的用的还是穿的，选我所爱，爱我所选就好。

从那以后，每次买东西，我都会征求她的意见，在我们家的经济能力范围之内，给她选择的机会，让她选自己喜欢的。后来她再也没有表现出羡慕某某同学拥有什么好东西的心态。

03

攀比心理是一种竞争心理发展的自然需要，我们无法杜绝，我们需要知道的是，当孩子出现负性攀比的时候，作为家长应该介入并进行引导。

心理专家认为，孩子有攀比之心是很正常的，关键在于如何引导孩子的攀比心往积极正面的方向发展，如，学习、品行、技能等，一定不能让孩子的攀比心往追求物质、不良行为等方向发展；同时，也要注意不要让孩子的压力过大，以防他们钻牛角尖，必要的时候父母要及时进行安慰和疏导。

面对女孩的攀比心，父母该怎么做呢？

多肯定，鼓励

家长平时要对女孩的良好行为多给予肯定和鼓励，这样有利于增加女孩的自信。一个充满自信的女孩在和别人的相处中拥有更健康的心态——别人拥有的东西或许很好，但我自己拥有的东西也不错，没必要羡慕、攀比。

适当“知足常乐”

在孩子的成长过程中，家长们经常会告诫孩子要努力、上进，其实，适当地给孩子灌输“知足常乐”的观念也一样重要，这里的“知足常乐”说的是，要勇于挑战自我，但每个人的天赋和能力都是有限的，如果没有成功，也没有什么，尽力了就好了。人的欲望是无止境的，适当地“收”，就是一种智慧。拥有这种心态的女孩，在成败上面不会过于偏执，也不容易有攀比的心理。

让女孩学会欣赏而非攀比

健康的欣赏，可激发积极向上的动机，引发努力进取的行为。但是，变调的欣赏就会成为攀比，很有可能诱发不健康的动机和行为，导致不好的结果。

一个儿童心理研究小组曾经针对女童进行了一项题为“你最欣赏什么”的问卷调查，调查的结果向我们展示出一个五彩斑斓的现代童心世界：

◎ 她们欣赏明星的风采。

◎ 她们欣赏革命烈士的勇敢无畏。

◎ 她们欣赏“迪斯科”的节奏。

◎ 她们欣赏华尔兹的优雅……

小小年纪会有这么多的欣赏。

但是，也会有一些不和谐的音符，那就是攀比。

◎ 欣赏别人有好看的衣服。

◎ 欣赏别人的零花钱多。

◎ 欣赏别人的文具好看……

这种欣赏其实就是攀比。

攀比对女孩来说毫无好处，而且由攀比产生的不良情绪和观念，会影响女孩的心情，左右女孩的行为，使女孩产生激愤、怨恨、骄傲或自卑等心理。

最后，面对孩子的攀比心，父母的态度十分关键。

我上高中那会儿，有一次，我的同桌玲说她看到学校有女孩抽烟，觉得她们很酷，说总有一天她也要尝试一下。

有一次她一整天没有来上课，再来上课的时候，嘴角有伤。好几天之后，她才告诉我，因为在家里偷爸爸的烟抽，被父母发现，暴打了一顿。我听了心里很难过。

负面的攀比之心确实可能会让女孩误入歧途，但是，父母正确合理的引导才是关键，打骂使不得。假如孩子处在叛逆期，这种方式不但制止不了孩子的攀比心，反而会起到反作用。

德国著名哲学家雅斯贝尔斯说：“真正的教育，是一棵树摇动另一棵树，一朵云推动另一朵云，一个灵魂唤醒另一个灵魂。”

当我们发现孩子有问题的时候，切记不要用打骂的方式，这样只会让问题越来越严重。

当女儿不经意说出脏话时

01

我去商场，打算给朋友的孩子选购玩具。

一个小女孩和爷爷也在玩具柜前挑选玩具，看了一会儿，她选中了一个穿着裙子的芭比娃娃，爷爷在旁边提醒道："家里已经有好几个这样的娃娃了，你可以换一个嘛。"

小女孩抱着娃娃，噘着嘴巴说："关你屁事，你讨厌，我不要你。"

爷爷笑眯眯地跟在她身后，一直在小声劝说可以看看别的玩具。走着走着，女孩突然转身恶狠狠地说："你太烦人了，你再说我就打死你。"

这个小女孩看上去不过四五岁的样子，可是，说话的口气和用词真的和她的年龄极不相符。

我走过去和爷爷搭讪，他说今天儿子和儿媳妇带着孙女来他这边玩，他有一段时间没见孩子了，就想着带孩子来商场买个玩具。临出门之前，儿媳妇特别交代不要买娃娃了，可是，这个孩子说什么也不听。

"这孩子说话，好像不太尊敬你。"我直接进入了话题，希望能引起爷爷的重视。

爷爷摆手说道："她爸妈跟我们说话都那样，她能好到哪儿去。"

看着爷孙俩远去的背影，真希望孩子的父母可以早日意识到这个问题——

文明用语，利人利己。

02

说话，直接决定别人对你的第一印象。一字一句，也体现了一个人的修养和素质。

对于成长中的小女孩来说，我们对她们最基本的要求就是不说脏话，文明用语。比如，请求别人帮忙的时候，要用“请”；得到别人的帮助，要说“谢谢”；打扰到别人，要道歉，说“对不起”……

如何让一个女孩，成为讲文明，不说脏话的人呢？

教育家卢梭说：“人的教育在他出生的时候就开始了，在他不会说话和听别人说话以前，他就已经受到教育了，教育的基础是家庭。”

也就是说，孩子说什么样的话，受家庭环境的影响是很大的。

美国一位研究性格的心理学家克里斯蒂安·贾勒特（Christian Jarrett），曾经跟踪调查了120名儿童性格的形成和发展过程，他认为，儿童的性格形成于婴儿期，发展于青少年时期，父母的行为影响具有决定性作用。

孩子的年龄越小，复制能力就越强，父母的性格和行为，也会被模仿。

这就要求父母给孩子一个“净化”过的家庭环境。在家里尽量不要说一些粗暴的话语，或者是攻击人的话。

9～24个月是孩子语言发展和理解的关键期。2～4岁是孩子语言发育的关键期。美国医学家研究发现，脏话、粗话会导致宝宝大脑受到伤害。我们人类的大脑会根据环境的需要，调整不同的状态来适应它。当父母说脏话的时候，孩子搞不清楚是什么状况，但是这种不良的语言，会让孩子处于一种压抑、糟糕的环境，孩子的大脑就会调整成一种“求存模式”，逐渐就会形成孤僻、胆小的消极性格。

03

有时，虽然我们能保证家庭环境是健康的，家长能够文明用语，但是，无法保证孩子所处的每一个环境都是文明的，在孩子语言发展高速期，也许一不小心就被影响了。

如果女孩在说话方面，不小心受到了脏话的“污染”，我们该如何做呢？

当发现女孩说脏话之后，我们最需要注意的就是第一次。

阶段一：第一次说脏话

冷处理（消退法）

当女孩第一次说脏话的时候，她们并不是带有什么目的，如用来骂人或者是发泄情绪，而是一种出于简单的好奇。

如果父母的反应过激，比如，严厉地制止，或者大声呵斥，往往会让孩子产生一种逆反或者更加好奇的心态——为什么不让我说？你不让我说，我偏要说。

朋友和我分享过一件事，她女儿总是喜欢说别人“你这个大笨蛋”，第一次听见之后，她就郑重其事地和女儿谈了一次，禁止她再说这句话。

后来她发现这种说教毫无作用。女儿说这句话更加频繁了，而且，每一次她都会提醒女儿这样不行，可是，收效甚微。说了、吼了、打了，都没有效果，朋友就放弃了。

后来，朋友无意中发现，不知道什么时候开始，女儿不再说“你这个大笨蛋”了。

其实，在女儿第一次说“你这个大笨蛋”的时候，朋友的做法就错了。孩子说这句话可能是无心的，只是从哪儿听到过，就随口说了。但是，妈妈的强烈制止强化了孩子的这种行为。

也就是说，在孩子第一次说“脏话”的时候，我们完全可以“忽略”，再继续观察一下，看看孩子到底是一次性的好奇，还是真的形成了坏习惯。

阶段二：反复说
观察女孩说脏话的原因

如果女孩反复说脏话，说明不是出于好奇，而是有一种目的和动机，这是需要家长去观察和了解的。

比如，有的女孩说脏话，是为了引起父母的关注；有的是因为家里有人说脏话，于是她模仿了父母的行为；有的是为了发泄……究竟是什么原因，父母一定要搞清楚，才能对症解决问题。

女孩说脏话这种行为背后，藏着她们的需求，这需要父母多关注和陪伴，才能对孩子的需求更加了解。

家庭环境中父母是孩子的第一任老师，家庭是孩子受教育的第一个场所。

对于孩子不好的行为和习惯，父母应该考虑从家庭环境着手。比如，有的家庭成员会口无遮拦，说一些粗话。

心理学上有一个词叫“首因效应”，说的就是一段话或者是一段记忆，开头比中间容易让人记住。

而且，在社会心理学中，讲到影响一个人的人际知觉的一个重要因素，就是第一印象，这也是首因效应发生作用的结果。这也就解释了，为什么在孩子人生最早期，父母的行为会对其影响很大。

父母就是孩子成长的镜子，你希望孩子成为什么样的人，你就要先成为什么样的人。

根据心理学家的调查显示——

50%的孩子会自己模仿认同的对象，而其中78%的孩子以自己的父母作为认同的偶像。

父母在孩子的眼里就是模范和表率，父母的一举一动、一言一行都在潜移默化地影响孩子。

对此，家长可以表明态度，让孩子监督自己，如果做错了，做父母的也要改正。

作家莫言说：“人不怕犯错误，犯了错误，如果能带着教育和反思爬起来，错误就会成为课堂。”

孩子的成长也就是一个不断犯错的过程，总结经验，成长为更好的自己。为人父母也是一条自我修行的路，只有我们愿意看到自己的不足，努力变成更好的人，才能给予孩子最好的教育。

树立正确的金钱观，让女孩学会“精打细算”

随着生活水平的提高，现在很多家庭对女孩的各种要求都是有求必应。一个朋友家，她女儿的玩具几乎占了半个屋子。现在她女儿4岁了，对玩具的需求也达到了一个新高度。她直呼：“养孩子太费钱了，我女儿一点儿也不懂事，看见什么就要买什么。”

要求一个只要开口说要什么就会被满足的孩子，去体贴父母工作辛苦，赚钱不易，这简直就是天方夜谭。

一个女孩如果没有金钱观，她不会知道一个玩具需要多少钱，也不会知道一张张花花绿绿的钱能买什么东西，根本不懂得它们的价值。

想让一个女孩体会到父母赚钱不易，首先应该让她懂得精打细算。但是，精打细算必须是建立在女孩完善的金钱观之上的。

教育学家默克尔说：“金钱教育是人生的必修课，是儿童教育的重心，就如同金钱是家庭的重心一样。”

这一点澳洲父母的做法很值得学习。

澳洲人对孩子的理财教育都有如下时间轴的规划：

◎ 3岁，能够辨识硬币和纸币。

◎ 4岁，知道每枚硬币的金额，并在父母的陪同下能够购买常用商品。

◎ 5岁，知道钱的来源，能正确地完成钱货交易。

◎ 6岁，能够区分数目不大的钱，开始学会攒钱。

◎ 7岁，能读懂商品价格标签，并能判断自己是否具有购买能力。

◎ 8岁，懂得在银行开户存钱，并想办法自己挣零花钱。

◎ 9岁以后，学会用钱，建立正确的金钱观。

教女孩认识纸币

首先，我们应该让女孩认识钱，教她们认识各种纸币和硬币，这是最基本的入门。

这一点犹太人家庭做得很好，他们会为孩子拟定一个财富时间表，从3岁开始，就教会孩子辨认纸币和硬币；4岁的时候，就要学会简单的计算；5岁的时候，就知道钱币是可以买东西的。

让女孩参与购物

在女孩认识钱币之后，尽量多制造一些机会让女孩参与购物。比如，去超市，让女孩观察货架上各种商品的价格，让她们对多和少、贵和便宜有一个概念。

鼓励女孩自主选择和购买一些简单的生活用品，让她们去付钱，同时要记录给了多少钱、找了多少零钱，这么一个完整的购物过程，会让女孩懂得用钱币可以买到自己需要的东西，而且，能够感受到钱从有到无这个过程。

给女孩零花钱

为了方便省事，很多父母对于给孩子买东西这件事，都是直接包办的。孩子需要什么，只要说一下，父母马上就去买了回来。

建议父母给孩子一些零花钱，培养孩子的储蓄观念。

让孩子把钱存在零钱罐里，等他们年龄再大一点，可以带着孩子去银行开一个账户，把钱存进去，需要用钱的时候，让孩子亲自去取，这个过程会让孩子明白钱不是取之不尽用之不竭的，而是需要通过劳动换来的。当获得了零花钱，不能全部花完，需要存一些进银行以备不时之需。

德国青少年研究中心曾就儿童零花钱进行了一项调查，结果发现，79%的德国儿童零花钱有节余，平均每个人的储蓄额为750欧元，这主要归功于家长对孩子进行的理财指导。

教女孩理智花钱

当女孩们有了零花钱之后，父母可以引导她们如何合理地支配这些钱，购买自己真正需要的东西。不是真正需要的东西，不必急着花钱购买，可以先把钱存起来，这样等自己遇到真正需要买的东西，金额比较大的时候，就可以用之前的储蓄去购买。

要让女孩明白，买了对自己没用的东西，哪怕便宜，从另一个角度来看，也是一种乱花钱的表现。

女儿6岁以后，我每周都会给她5元零花钱。但是，我发现每次她都是全部花完，偶尔还会买一些根本不需要的东西。被问及为什么买时，她说："反正下次你还会给零花钱的。"

我和她说："如果你每次都把钱花光，当下一次你遇到喜欢的东西超过了5元，你就无法拥有它。如果你有存钱的习惯，不需要的东西先不买，那么遇到你更喜欢也更贵的东西，你就可以买到它。"

从那以后，女儿在不需要买东西的时候，就会把钱存起来。到了年底，花了50多元钱，买了一个心仪的古典娃娃。

让女孩懂得货比三家

同一件商品，因为各种原因，不同的商家卖的价格不一样。父母可以陪孩子一起，多去几家店逛一逛，比较一下样式和价格，培养女孩“货比三家”的意识。

学校门口会有一些卖学习用品及各种书籍、小零食的商店，当诺诺有什么需要的时候，放学后，她会自己去买。有一次，她要买一支钢笔，看中了一款，需要10元钱，可是，她手里只有9元钱。我建议她去别家看一下，也许会有惊喜。

在转到第四家店的时候，她拿起同样的钢笔问老板多少钱，得到的回答是“9元钱”，她立马高兴地买下来了。

我趁机和她说：“如果你在去第一家店就决定买，就会多花一元钱。而多转几家店，对于你来说，并没有什么损失，反而让你节省了一元钱，多好啊。”

从那以后，她买东西都有多逛几家店的习惯，有了精打细算的初步意识。

让孩子知道钱的来源

英国有位心理学家对1000名不同阶层家庭的3～8岁的儿童进行了询问调查，问他们钱从哪里来。

65%的孩子表示钱从爸妈口袋里来；30%的孩子表示钱从银行里来；仅5%的儿童会说，钱是工作换来的。

为什么大多数孩子不知道钱从何而来？这是因为很多父母不和孩子谈钱，更谈不上培养孩子的金钱观。而这恰恰是教育女孩如何花钱，懂得珍惜钱的前提。知道钱从何而来，会让女孩有一个正确的金钱观，而如果家长一味满足女孩的需求，却从不跟孩子谈论金钱的来源，会让女孩误以为钱是源源不断的，想买什么都可以。

一旦了解到这些，女孩们内心对父母的爱就会激发她们尽可能让自己手中的零花钱能够做到最大化利用，这也就间接让女孩们学会了精打细算。

用很合理的价格买到了一件心仪的东西，会让女孩拥有一种成就感。对金钱的掌控，让她们更有安全感，会增加她们的自信心，增加她们对生活的热情。一个会精打细算的女孩，才是生活真正的主人。

在生活中，父母可以经常带孩子去超市或者商场购买东西，这都是给孩子进行金钱教育很好的机会。

让孩子参与购物，并且在同一个货架上，对同一品类的商品进行对比，分析不同产品的不同的功能和价格，在付钱的时候，把机会让对孩子，让钱的来去在他们脑中形成一个清晰的概念。

第八章

情商教育，不可或缺的人生课

面对困难，教会女孩缓解压力

01

如今的孩子学业压力真的很大，有些父母觉得，别的孩子能承受，你怎么不能承受？每个孩子的抗压力不一样，家长应该成为帮孩子纾解压力的人，而不是成为雪上加霜的人。

有研究表明，女孩子在上学阶段比男孩子更容易焦虑。

压力过大会让女孩产生一种很不适的感觉，变得沉默寡言，或是暴躁不安。父母在日常生活中，需要多关注一下女孩的情绪，及时帮助女孩排解压力，才不至于酿成悲剧。

有一天，诺诺放学回来，关门的动静特别大，换了鞋进门，背着书包气呼呼地走进房间，当然，关房门的时候，也是声音特别大。

过了大约10分钟，我敲开她房间的门。

看见她正趴在床上哭，枕头湿了一小块，不管因为什么事，看来这件事让她挺受打击的。我走过去，拍着她的肩膀说："妈妈看出来了，你很不开心。要不要晚上我们一起去吃比萨，你也可以跟我聊聊。"

"倾诉"或者"谈心"并不是大人的专利，孩子也需要这些。

比萨是诺诺平时比较爱吃的，之所以选择比萨，是希望通过她感兴趣的食物来调动她的积极性，让她暂时从不开心的情绪里走出来。

听说晚上我请她去吃比萨，她一骨碌就翻起身说："好啊，我要大吃一顿，把自己吃得壮壮的。"

我打趣道："你不是一直希望自己瘦瘦的吗？"

话匣子一打开，诺诺就hold不住了，她摆手说道："我以后一定要好好吃饭，还要好好锻炼身体，再也不给体育老师批评我的机会。"

原来，在体育课上，除了她，班上其他同学跳绳都达标了。体育老师就说了她几句，成绩很好的她一向是老师们的得意门生，体育老师当着全班同学们的面说她，让她觉得特别没面子。

我告诉她这没有什么，只要尽自己最大努力就好，每一个人的体质是不同的，并且我还自曝了一件自己的丑事——上初中那会儿，我是全班唯一一个仰卧起坐坐不起来的人。

不等我话说完，她就说："妈妈，我一定是遗传你了。"

我没有否定她的话，只说："也有这个可能，但是，妈妈通过半年的努力，在期末考试的时候，仰卧起坐达标了。"

听我这么一说，诺诺长呼一口气说："体育老师说，我期末考试的时候，一定不能是现在这个状态，我还挺有压力的，听你这么一说，我相信我一定也可以。"

我知道，我算是成功把诺诺从负面情绪中解救出来了。

02

因为女孩特有的敏感和细腻，当她们遇见事情的时候，容易焦虑，而因焦虑产生的压力，很多时候她们会选择自我消化，不懂得释放。

父母们该如何帮助女孩缓解压力呢？

倾听女孩的心声

2.5～5岁是孩子语言发展的阶段，基本上这个时候，孩子很乐意跟父母分享自己的一切，如果这个时候父母倾听的态度是积极的，那么，父母和孩子之间就建立了一座良好沟通的桥梁。

很多父母总埋怨女孩喜欢把事情藏在心里，不愿意和父母沟通，其实这是因为之前的沟通桥梁没有构建好。

不管孩子说什么，他们倾诉的热情都来自父母的积极回应。

都说能说出来的伤心不算是伤心，那么，能说出来的压力也就不再是压力了。能够诉说，同时得到父母的认真倾听，是女孩释放压力最好的一种方式。

接纳女孩的情绪

美国著名的人本主义心理学家托马斯·戈登博士说过一句话："懂得接纳的父母，愿意让孩子编写自己的人生'程序'；不懂得接纳的父母，会感觉有必要为孩子编写他的人生。"

女孩有安静的时候，有听话体贴的时候，也有不高兴、发脾气的时候，父母如果接纳了她们所有的情绪，在女孩难过或生气的时候，做她们情绪的垃圾桶，不苛刻要求，把她们的坏情绪全盘接住，让女孩感受到，父母不是因为你什么样而去爱你，而是因为爱你，所以接受你的所有。那么，女孩内心的压力都会在父母这里得到释放。

帮助女孩学会面对压力

鲁迅说："真正的勇士，敢于直面惨淡的人生。"

我想说，真正勇敢的女孩，也敢于直面自己的压力。当然，这勇气是以父母的支持为后盾的，需要父母的引导和帮助。

父母应该教会女孩如何面对压力，甚至把压力化成努力的动力。

首先，我们需要帮助女孩弄清楚，压力从何而来，再帮女孩分析一下，如何把压力消化掉，也就是战胜压力。

诺诺一直都很喜欢卡通漫画，在绘画班学习的也是卡漫。到了二年级，绘画老师建议加一些素描学习，会对诺诺学习卡漫有帮助。

可是，刚学几次，诺诺就感觉有压力。因为老是画不好，别人的作业都得到了老师的表扬和认可，可她每次画阴影部分都十分困难。

我告诉她，哪怕对同一样东西，每个人的理解能力都是不同的，也许你需要更多的时间去理解和掌握它。没有关系，一个星期学不会，我们就一个月，反正一定要把它搞定。

之前，诺诺担心自己画不好，我会批评她，或者质疑她的努力，现在有了我这份理解和支持，她说自己有信心画好。

关注女孩的身心发展

不仅要关心孩子的学习情况，也要了解孩子的内心。

在平时生活中，父母不要总是盯着女孩的学习，认为学习才是最重要的，其他一切都是浮云。

事实上，学习只是女孩生活中的一部分，对于女孩来说，还有更多值得关注的事情。比如，喜欢什么样的衣服，看什么样的书，和什么朋友在一起玩更开心。

诺诺的一个同学，每次来我们家都特别活泼，完全颠覆了之前她妈妈和我说的——很内向。

后来，在一次聚餐中，这个同学说起了自己喜欢的一本课外书的内容，正准备兴致勃勃和我们分享的时候，被她妈妈果断地打断了："好了好了，说这些没有用的干吗啊，学习好才是最重要的。"

女孩脸上挂着一丝失落，低下了头，后来一直都保持沉默。

妈妈只关注学习，不关注其他，这才是导致女孩在她面前不爱说话的主要原因。时间久了，女孩肯定有什么事也不愿意和妈妈分享，不管是高兴的，还是难过的。

和孩子分享自己的经验

父母是孩子认知这个世界的第一个老师。

当女孩面对压力的时候，父母可以和她们分享一下自己过去的同类经历，让她们明白很多问题都是成长路上必经的，并非只有她才会遇到，还可以分享一下当年的自己是如何解决的，给女孩一个参考。

诺诺很喜欢听我说我小时候的事，她说，这让她感觉到很温馨，而且，从我那里可以学习到一些处理事情的方法。

培养女孩的兴趣爱好

女孩有一项兴趣爱好十分重要，不仅能让她们的人生更加丰富，同时也是排遣烦恼和化解压力的一个好办法。

我的一个表姐，在20岁那一年去学了钢琴，从小到大，她都喜欢钢琴，但是碍于各种阻力一直没有去学。大学毕业后，她开始一边工作一边学钢琴。

别的女人排解压力的方法是逛街买衣服、看电影或者爬山，而表姐是为自己弹上一首曲子，沉浸在音乐带来的美好当中，身心都得到放松。

适当给予一点空间

儿童教育心理学家，加州大学洛杉矶分校的教授夏洛特·列兹尼克（Charlotte Reznick）在自己的作品《想象的力量：如何将压力与焦虑转换为快乐与成功》一书中写道：“孩子们的内心世界里都有一块非常私密的地方，在那儿他们能够解决难题，逃离生活带来的压力，度过一次迷你假期，借此得到放松、重新振作，或者只是以一种健康的方式来释放压力。”

这个“私密的地方”其实也存在于现实生活中。朋友说起，她的女儿学习累了，就喜欢一个人待着，用笔在纸上胡乱地写一些字，每当这个时候，他们家人都非常有默契地不去打扰她，尊重她释放压力的方式。

适当地给予孩子一点个人空间，对孩子而言十分重要。有些情绪和压力需要孩子自己去消化，家长只需要在确保孩子安全的前提下，远远守护就可以了。

鼓励女孩多交朋友

有研究表明，孩子10岁以后，更喜欢与同龄人在一起聊天或者待在一起。

社交是女孩成长过程中必不可少的一个环节，鼓励女孩多去交朋友，有利于她们性格和心理的发展，也会学习到一些与人相处之道，变得更快乐和自信。当交往中出现问题，女孩也会处理自己的情绪，有张有弛，再遇见事情或者一些压力的时候，不容易钻牛角尖。

发展心理学家罗伯特·费尔德曼认为：“当身体试图克服压力时，将引起生理唤醒，而生理唤醒又将导致长期的折磨，从而对人体造成危害，如果经受的压力足够强，那么将付出惨痛的代价。”

在每一个女孩的成长历程中，都有可能面对压力。压力其实并不可怕，重要的是父母如何疏通、缓解这些压力，让它们成为女孩成长的动力。

不懂感恩的孩子，再优秀也没有用

01

亲戚家的一个小女孩，5岁了，爷爷奶奶特别宠爱她，平时完全是“饭来张口衣来伸手”。

每天从幼儿园回来，爷爷奶奶已准备好下午点心和水果。她这边看着动画片或者玩着，那边奶奶用叉子直接把水果和点心送到嘴边。

每当说起爷爷奶奶疼孩子，我这亲戚都是一脸的满足和骄傲，说这么多年，特别感谢公公婆婆把她女儿带得这么好。两位老人家确实把孩子照顾得无微不至，可是，这种带孩子的方式到底算不算好，我个人持保留意见。

后来有一天，爷爷奶奶两个人为了给孙女买正宗的红牛肉，坐公交去一个大的批发市场，下车的时候，奶奶忽然头一晕，摔了下去，导致右腿骨折，被迫在医院住了一个月。

婆婆住院期间，我这亲戚被自己亲女儿给折腾惨了。她这才发现，女儿不仅独立性差，而且脾气特别坏。

因为忙着上班和照顾孩子，婆婆住院了半个月，她才有时间带孩子去看看奶奶，她以为女儿肯定也很想奶奶，没有想到女儿却拒绝去医院。

她说她害怕去医院，还扬言自己一点也不想奶奶，后来她连说带劝，才把女儿带到医院。

到了医院之后，孩子看见奶奶不但没有一句问候和关心，反而抱怨地说：“奶奶，你为什么不回家，你回家了，我就有好吃的饭菜了，还有人给我穿衣服，妈妈都不给我穿。”

孩子这么一说，大家都愣了。

晚上，亲戚在微信上跟我聊天，说她女儿就是一个小白眼狼，一点都不懂得感恩。奶奶之前那么疼爱她，现在生病住院，她一句安慰和关心的话都没有，反而埋怨奶奶不回家给她做饭。

说实话，她女儿“不懂得感恩”是在我意料之中的，而且这个小白眼狼还是爷爷奶奶一手娇惯出来的。

02

想要避免培养出一个“小白眼狼”，我认为，对女孩的“感恩教育”必不可少。

一个懂得感恩的女孩，才会懂得任何人对自己的善意与帮助，都不是本分，而是一种情分，哪怕对方是自己的亲人。

如何教出一个懂得感恩的女孩呢?

不要对孩子付出太多，干预太多

0～3岁的女孩处在婴幼儿期，需要家长全身心的陪伴和爱。但是，在3岁以后，女孩的语言发展上升到了一个很丰富的阶段，动手能力也强大起来，一些简单的事情，比如收拾玩具，穿衣服等，女孩有能力做了，那就让她自己去做。

家长的过度付出和帮忙，会让女孩会产生一种依赖，认为这件事不是我该做的，而是你们要做的。一旦依赖性产生，孩子对于家长为自己的付出就很难有感激的态度。

女孩的成长过程，本来就是一个从弱小到强大的过程，需要她们自己通过各种尝试，经历从不会到会的进步和改变。家长的放手，其实是在给女孩成长的机会。

分享很重要

一个懂得分享的女孩，才会愿意关心和照顾身边的人。

在很多家庭里，这样的情景并不少见，家长给女孩做了一道她爱吃的菜，会跟孩子强调这菜是专门给她做的。这或许是家长在表达自己对孩子的爱，但是，这种表达方式其实也给了孩子一种暗示，这菜是她一个人的，别人都不可以吃。

习惯了吃独食的女孩，不会懂得感恩。她们会认为这些东西是我的，我没必要给你，如果我分享给你，你需要谢谢我。而如果从小就有分享意识，她们就不会有这种自私的想法，因为分享本身就是一种快乐。

想要让孩子变得乐于分享，家长可以从日常生活中的细节入手。比如，当孩子吃东西的时候，家长可以适当“索取”，让孩子建立起分享的意识。

诺诺小时候，有一次吃蛋挞，我提出我也想尝一口，同行的妈妈就揶揄我说：“孩子吃的东西你也吃，本身就那么一点，你再吃一口，孩子还吃什么？”

我告诉这位妈妈，我并不是真想吃，也并不会吃多大一口，只是想让孩子明白，与人分享，食物会变得更美味。

父母做好榜样

苏联教育学家马卡连柯曾告诫父母们：“你们怎样穿戴，怎样同别人说话，怎样谈论别人，怎样面对欢乐或忧愁，怎样对待朋友或敌人，怎样笑，怎样读报……这一切的一切对儿童都有着重要的意义。”

女孩会模仿父母的行为，所以在日常生活里，父母一定要给孩子树立一个正面的形象。比如，对长辈的付出要有感恩的心，经常对他们口头或者用礼物表达谢意。即使是最亲近的人，也需要这种仪式上的表达。

你想让女儿学会感恩，首先你得是一个懂得感恩的人。父母通过爱的方式，教会孩子如何去爱。

带女孩去你工作的地方

很多孩子不懂得感恩，是因为不知道别人有多辛苦。比如，对于父母如何辛劳地上班、赚钱完全没有概念。所谓“辛苦”，也是父母嘴巴里说出来的，她们并没有亲眼看到。

如果有机会，可以带女孩去你工作的地方，让她们了解你工作的内容，每天上班都要做什么，也许这样更容易让她们理解和懂得父母的辛苦，内心会油然而生一种感激。

制造机会，让孩子表达感谢

生活里，父母应该多鼓励女孩对别人表达谢意，让感谢成为女孩生活里的一种基本礼仪。

比如，在节日里，给亲人、朋友或者老师发祝福问候，祝福他们节日快乐的同时，也感恩他们平时给予自己的帮助，给自己带来的快乐。

日本的一些学校，特别重视对学生进行感恩教育，教学内容包括感谢父母的养育之恩；感谢老师传授知识；生活中，任何时候得到了别人的帮助，都要感谢他人。

一个懂得感恩的女孩，会有取之不尽用之不竭的幸福感。因为得到了帮助，她会认为自己是被别人关注和在意的，获得存在感，同时也愿意将这种善意传递下去。

苏联教育家乌申斯基说："良好的习惯是人在其神经系统中存放的道德资本，这个资本不断增值，而人在整个一生中就享受着它的利息。"

据统计，青少年自杀率一直呈增长趋势。生命如此珍贵，为什么有些孩子却满不在乎，随便就舍弃了呢？

父母有必要给孩子上一堂生命课，让孩子明白生命的起源和成长。让孩子明白，他们能健康地出生及长大成人，父母需要付出多大的心血，珍惜生命，不仅仅是对自己负责，更是对身边的亲人负责。

就从今天起，让感恩成为女孩的一种习惯吧。

远离抑郁的“毒瘤”

01

在开学的前一天，家长群里热火朝天地讨论着自家孩子的暑假作业，大有“皇上不急太监急”的架势，不敢正面冲突，怕孩子“罢工”，只能迂回地让他们写作业。

一个家长突然来了一句：“我们这栋楼有一个人跳楼了，从27楼跳下来的，刚听见声音，往楼下看真的吓死了。”

这句话在群里炸开了锅，毕竟事发地点离大家都不远。

过了一会儿，这个家长告诉我们说：“跳楼的是一个小女孩，今年才14岁，因为和妈妈拌了几句嘴就跳楼了，唉，上午刚去学校报到的。”

大家都在叹息，花一样的年纪，却选择以这样的方式陨落了。真的是太可惜了，然而，家长们也忍不住感叹，现在的孩子真的是太娇气了，打不得说不得，吵几句嘴就可能想不开。

后来，在新闻上看见了这件事的详细报道，原来这个女孩一年前被查出了轻度抑郁症，家里人一直都很照顾她的情绪，这次是因为她说不想上学了，妈妈说什么也不同意，于是，就发生了最后的悲剧。

“抑郁”近几年被频繁提及，这不仅是成年人的专属，现在不少孩子也深受其害，下面让我们来认识一下何为抑郁。

抑郁是孩子的一种不良情绪，主要是由于他们在日常生活和学习中一些不良的情景或事件引起的。这种不良的情绪就像一张蜘蛛网一样困住孩子，让孩子痛苦难过，消磨孩子的心志。遭受抑郁困扰的孩子，主要表现为情绪低落、态度悲观、郁郁寡欢，闷闷不乐、反应迟钝，对什么都提不起兴趣，别人说什么也不在意。

专家研究表明，大约1/4的人一生中曾有过抑郁。孩子的抑郁症高发期主要是进入中学之后，因为此时大多数的孩子开始步入青春期，而青春期又是心理学上公认的危险期或动荡期。

抑郁成了这个时期的孩子成长和发育的不良情绪，有的表现为心情多变、偏激或突然情绪摇摆不定，有的表现为反抗行为，常招致父母和老师的反感；也有的表现为易生气、烦躁不安，会出现逃学、冒险行为，甚至有自杀的念头。

在认识上，孩子表现为一种负性的自我评价。

一旦遭受抑郁的“入侵”，孩子就会觉得自己的存在是没有意义的，容易妄自菲薄。而且，非常在意别人对自己的看法，敏感多疑，甚至会扭曲解读别人对待自己的方式，在心里认定自己是一个很糟糕的人。

在动机上，孩子表现为对各种事情都缺乏积极性。

比如，那个14岁的小女孩，自从患上了抑郁症，把之前最喜欢的舞蹈也放弃了；之前在班里名列前茅的她，成绩一落千丈……可惜家长对抑郁症还是缺乏足够的认知和重视，导致她越来越严重。

在身体上，孩子会表现出明显的不适感，食欲下降或者食欲猛增，失眠或是过度嗜睡。

一般来说，身心健康的女孩都是充满活力和正能量的，一旦发现女孩出现以下的症状，比如，特别喜欢睡觉，要么根本不睡，在饮食上也有改变，父母们一定要足够重视。

02

抑郁症虽然危害大，但是，如果及时发现，给予孩子足够的关注和重视，是完全能够帮助孩子战胜它的。

相对于男孩来说，女孩更敏感和脆弱，更擅长隐藏自己的心事，这一点也就决定了女孩遭受抑郁的概率更大，尤其是处在青春期的女孩。

这里提供一些可能会让女孩陷入抑郁的原因，供父母们参考。

对女孩缺少关注

心理学家戴维·埃尔金德说："孩子们最需要知道的是，他们对父母很重要，永远都被爱围绕。"

女孩上了小学之后，很多家长对孩子的关注点侧重在学习上，缺乏对孩子心理和情绪方面的关注。

很多青少年表示，父母不关心自己，只关心学习成绩。

在很多家长的心里，成绩成了衡量女孩是否优秀的唯一标准，这无形中也增加了女孩的心理压力。

学习是件苦差事，尤其是被迫学习。事实上，只有当女孩心情舒畅，能感觉到父母对自己的爱，才会发自内心地主动学习。

平时多和女孩聊一聊她在学校里发生的事，关注她们的生活和爱好。尽量搭建一座和女孩沟通的桥梁，不要让女孩在你们的面前变得沉默。

对女孩语言暴力

对于孩子来说，父母的"毒舌"对他们心理的伤害，远远大于父母的拳头对他们身体的伤害。

一个心理学家调查发现，平均每20个人中就有一个人曾遭受语言暴力，每50个人中就有一个人因语言暴力导致心理疾病，轻者患有社交障碍，重者有杀人和自杀行为。

随着孩子年龄的增长，父母对女孩语言暴力的概率也可能会增加。因为年龄和技能是相匹配的，当女孩做不好事情的时候，家长可能就会怒吼斥责："你真笨！""你怎么什么都不会！"类似这样的语言，其实就是一种语言暴力。

当女孩受到这种语言暴力冲击的时候，她们会觉得父母不爱自己，或者认为自己就是这么糟糕，不值得父母爱，甚至也会朝着父母说的那样，变成一个让自己都讨厌的人。

心理学上有个"翁格玛丽效应"，说的是当孩子在心理上认可了某种暗示，就会不断地往这种形象上靠拢，所以父母要给予孩子积极的心理暗示。

否定女孩的努力

有的女孩，明明已经很努力了，但还是没有达到父母的要求，比如考试没有取得满意的成绩，这时候如果父母一味责怪，而忽略甚至否定女孩的努力，时间长了，女孩也就失去了努力的动力，因为父母关注的只是结果，并不在意她努力的过程。一旦努力被否定，女孩的积极态度没有了，内心就难再有正面的能量。

如果女孩已经付出了努力，即使没有达到预期的效果，父母仍需要夸奖女孩："你这么努力，真的很棒，这一次也许是方法出了问题，或者是难度太大了，只要你继续努力，下一次一定会做得更好的。"

03

发现女孩情绪低落的时候，家长应该如何帮助孩子远离抑郁呢？

营造一种温馨的家庭氛围

作家周国平说："如果父母相爱，家庭和睦，孩子在爱和快乐的氛围中度过童年，她的人生就有温暖的底色。"

良好的家庭氛围及家庭成员之间相亲相爱，是女孩健康成长的持久动力。在和谐温馨的家庭环境中，女孩能够感受到温暖和爱，从而拥有足够的安全感。

养成好的睡眠习惯

人的睡眠和心情有很大的关系，睡眠不足会导致心情变差，甚至烦躁。

一般孩子在青少年时期的充足睡眠是9个小时，长时间睡不够的孩子，容易疲劳、情绪化，甚至焦虑，而且，会处在一种恶性循环中。

莎士比亚说："享受沉稳香甜的睡眠甘露。"

可见好的睡眠，对于孩子来说真的很重要。

多接触大自然

远离大自然、生活在水泥钢筋城市的女孩，宅似乎是一种常态。

现在的孩子极容易患上"大自然缺失症"，这个是由美国人理查洛夫在《林间最后的孩子：拯救大自然缺失症儿童》里提出的，它不是一种医学诊断，而是对人们因为疏离大自然后出现的一系列病态行为的描述。

"大自然缺失症"的危害，远远不只肥胖、身体素质差这么简单，还会导致感官迟钝，包括注意力下降，容易出现"暴力"行为等，甚至阻碍孩子自信心的建立。

一个不自信、自卑的女孩，抑郁的可能性相对更大。

鼓励女孩多交朋友

基本上，在女孩进入小学之后，你会发现她们黏着父母的时间变少了，她们会更愿意和同龄人在一起分享自己的生活及感兴趣的东西。

多交朋友对于这个年纪的女孩来说，是一种积极的生活态度。

培养女孩的抗压能力

适当地给孩子设置一些障碍和困难，让他们明白生活不可能永远一帆风顺，有一些小插曲和坎坷是十分正常的，但是，我们面对这些困难的态度很重要。

女孩，需要父母温软的爱，也需要适当的时候，经历一些挫折，让她们更坚强地成长。

让女孩远离抑郁，让她们如风雪中的蜡梅，即使环境恶劣，也要美丽地绽放。

学会欣赏自己，孩子将更加快乐

01

在朋友所在的小区广场里，等她一起出去办事。

坐在长凳上，看到一个五六岁模样的女孩，正在“自导自演”一出舞蹈，她穿的是一身运动服，可是，当她转起圈来，让人感觉到她似乎穿了一件美丽的公主裙。她唱歌的时候，音调不是特别准，声音也有一点小，但是，旁边的奶奶一直在给她鼓掌，说唱得很好听，只是如果再大声一点就更好了。

我一直微笑着看着这个女孩，过了一会儿，奶奶和我闲聊，说：“3 岁那年发了一场高烧，烧了两天，让孩子留下了后遗症，左腿瘸了。”

要不是奶奶说，我真的看不出这女孩腿部有疾病。我笑着说：“很阳光的一个孩子，挺好的。”

奶奶摆手说：“刚开始可不是这样，自从发现自己走路和别人不一样，整天哭，发脾气，说自己走路太难看了，要把腿给割掉。”

后来，在家人的鼓励和陪伴下，引导她发现自己其他地方的长处，渐渐地她也就不在意自己的腿了，变得像其他孩子一样开朗，愿意去幼儿园了，也能和别人在一起玩了。

看着在阳光下快乐地唱歌跳舞的小女孩，真的为她高兴，因为家人的支持和欣赏，让她找回了自信。从此以后，她不会再自卑地认为自己是低人一等，和别人不一样。

三毛说："一个不欣赏自己的人是难以快乐的。"一个女孩学会欣赏自己，是最好的成长营养剂。

02

我总是会遇见一些妈妈很沮丧地问我："我女儿总是不自信，不相信自己能完成一件事，真的很烦。"

可是，作为妈妈，除了觉得烦，你有没有尝试去改变呢？比如，经常给女儿鼓励的眼神，或者陪着她一起做，在她完成之后，肯定她的进步，鼓励她以后肯定会做得越来越好？在生活中，你是否让她感受到她对你甚至对这个家庭是有付出和帮助的呢？

对于女孩来说，懂得欣赏自己并非是天性，而是父母后天培养的。那么，如何才能培养出一个懂得欣赏自己的女孩呢？

让女孩感受到自己被需要

心理学家威利·詹姆斯说过一句话："在人类的天性中，最深层的本性就是渴望得到别人的重视。"这一份重视就来自感觉自己被需要。

平时多让女孩参与到日常事务中。比如，让她帮忙做一点家务；在超市或者商场买东西的时候，鼓励女孩提建议，如果她的建议合理，要给予肯定和接纳，让女孩感觉到自己在家庭存在的"价值"。

不拿她和别的孩子比较

很多父母都会犯一个错，总是把赞美的语言、欣赏的眼光给"别人家的女孩"，不仅如此，还会拿别人家的女孩来激励自己的孩子，却不知道，这种激励在女孩眼中可能会变成一种“攻击”和“漠视”，甚至她们可能已经在心里无声地呐喊——为什么我的好你们看不到？

总是拿女孩和其他人比较，并且得出她不如别人的结论，其实就是女孩通向自我欣赏路上的绊脚石，说得多了，时间久了，女孩也渐渐从最初的反抗到最后无奈地接受——我真的不如别人好，我就是这么差劲。

只有当父母学会欣赏自己的女儿，女孩才会用欣赏的目光看自己，发现自己的优点，并且会优化自己的缺点，使自己变得越来越好。

接纳女孩的不完美

金无足赤，人无完人。

聪明的父母会看到女儿的闪光点，发现她的优点，并且会肯定地告诉她：“尺有所短，寸有所长，你不必和别人一样。”

让女孩接纳自己的不完美，首先是父母无条件的爱，让她感受到自己是可爱的，是值得被爱的。

诺诺上幼儿园的时候，老师经常会布置一些手工作业，有一次，要求用树叶拼一个小动物出来。我是个“手残党”，手工方面很不在行，所以我就跟诺诺说，这个手工作业，你要自己完成。可一晚上忙活下来，诺诺做出来的“作品”乱七八糟的，跟班上其他孩子的手工作业根本没法比。

看着一脸失落的她，我说：“你这个作品的颜色搭配很不错。今晚，我们再去捡一些树叶回来，你可以拼任何你喜欢的东西。”

当晚，我们去公园捡树叶，我没有要求她必须捡什么颜色的树叶，完全凭她自己的喜好。

没有了老师的要求和约束，回到家，她天马行空地拼了起来，都是她真正喜欢的造型，小房子、大飞机，还有卡车，她拼得特别好。原来，她只是不擅长拼小动物，并非没有做手工的天赋。

我很庆幸，没有在她第一次拼得不是特别好的时候责备她。

父母积极的评价

小时候的邓亚萍，身材矮小，却发疯一般地喜欢上了乒乓球，身边所有的人都认为她的身体条件不好，不是打球的料，可是，她的父亲一再对她说：“你很优秀，真的。”

父亲积极的评价，给了邓亚萍坚持下去的动力，最终，她成为世界冠军。

女孩在低龄阶段，对父母的评价很在意，而且会通过父母的话敏感地捕捉到一些信息。所以，在生活中，父母适当给予女孩一些积极的评价，给女孩多一点的能量，会让她们有勇气去挑战自己，成为更好的人。

有一个著名的科学家，被记者问及为什么有超凡的创造力，取得杰出的成就时，他回答说，这跟他小时候，母亲对他的欣赏有关。

有一次，他尝试从冰箱拿一瓶牛奶，结果不小心把牛奶瓶子弄掉了，牛奶流得满地都是。母亲看到这一幕，没有责怪他，反而说：“你制造的混乱真不错，我几乎没有看过这么大的奶水坑。反正事情已经这样了，我们要清理牛奶之前，你可以在牛奶中玩一会儿呢。”

他真的就在牛奶中玩了一会儿，几分钟后，母亲告诉他：“你制造了混乱，你最好还是把它清理干净，可以想一想，用毛巾还是拖把，你喜欢哪一种呢？”

打翻牛奶瓶明明是一个错误，这个科学家的母亲却没有责备他，反而让他从错误中学会了成长。

在女孩的成长路上，风霜和坎坷在所难免，对她们而言，父母无条件的爱，永远都是一个温暖的港湾，一个可以栖息的地方，不管外面风雨有多大，回到家，就是艳阳高照。

只有被父母肯定的女孩，才有能力抬起头，仰望那蔚蓝的天空，规划自己的未来；也有勇气低下头，看到自己身上的不足，正视它，与它共存，甚至，有朝一日去克服它，改变它。

掌控自己的情绪，远离暴躁脾气

一个朋友跟我抱怨她的小侄女，一个长得文静漂亮的女孩，一旦发起脾气来，简直就是火山爆发，而且一生气就扔东西，甚至撕坏自己的衣服。

她说有时带小侄女出去，看着她生气的时候像只小狮子，真的觉得很丢人，怎么说也不听，她父母对此也是束手无策。

这个问题，归根到底，就是孩子不懂得如何控制自己的情绪。

控制情绪分为几个步骤：认识情绪——接纳情绪——处理情绪。

儿童心理学家一项研究表明，优秀的女孩都有一个共同的特点，就是善于调控自己的情绪，能够快速让自己平静下来。

孩子毕竟年纪还小，如果家长从来不教她们如何面对和控制自己的情绪，她们是永远不会懂得的。

据我所知，这个朋友的小侄女，每次做错事了，挨了批评想哭的时候，她妈妈都要她憋着，不许哭，因为在她妈妈看来，做错事了，被批评了还哭，这是错上加错。

这位妈妈本身的观念是存在问题的，哭，本身并不是一件错误的事。

其实，情绪是不分好坏的，它只是女孩的内心感受的外在表现，与其用对错去评判它，不如用心去解读它。

那么，我们该如何教女孩管理自己的情绪呢？

教女孩正确认识情绪

要教会女孩管理自己的情绪，首先就要重视女孩的情绪，让女孩学会如何正确地认识自己的情绪。比如，高兴的时候，我们会大笑；难过的时候，我们会哭……这些情绪的表现，都是正常的，父母不应该要求孩子克制。

当孩子大哭的时候，我们可以抱住女孩，告诉她们："我知道你很难过，很伤心。"这会让女孩知道，原来自己的哭表达的是伤心难过。

只有认识了情绪，女孩才会正确面对自己的情绪，正确地表达自己的情绪，这是管理情绪的前提。

合理宣泄情绪

任何人都有情绪，这是正常的。当女孩情绪激动，甚至号啕大哭的时候，父母不要强行制止，陪在她身边，喊就让她喊，哭就让她哭，先让孩子的情绪得到某种程度的宣泄，只有等她冷静下来，才有可能进一步沟通。

千万不要让孩子憋着，这样是不利于女孩身心发展的。

转移注意力

当女孩正在愤怒或者难过，无法控制自己的情绪，什么话都听不进去的时候，父母可以选择转移注意力的方法，比如提出带她出去玩，或者让她画画、弹琴，通过创作表达自己内心的想法……这对于低年龄的女孩非常奏效。

另外，还可以通过孩子喜欢的动画片角色引导孩子，让孩子回想它们在生气或者是难过的时候是怎么做的，让孩子通过角色练习慢慢成长起来。

交流和沟通

女孩有情绪的时候，通常是听不进任何话的。甚至，父母说的话还会让她们更加愤怒或者难过。这个时候，父母可以静静地陪着女孩，不用说什么，先等她们的情绪冷静下来。

共情是最好的态度。接纳女孩的所有情绪，告诉她们，你感受得到她的情绪。当女孩感觉到父母是理解和支持自己的时候，心情会更容易平复下来。

等女孩平静下来之后，再和她们沟通交流，了解她们情绪的根源，告诉她们如何正确表达情绪，以及错误的表达方式会导致什么后果。比如，有的女孩一生气就喜欢扔东西或撕东西，父母可以告诉她，这样做的后果是，你可能扔了自己最心爱的物件，一旦损坏，它就不存在了，以后你不再拥有它，这样会让你更加难过。你可以寻求解决问题的方法，而不是拿物品出气，当你自己实在无法搞定的时候，可以求助大人，这样问题解决了，你也不再那么生气了。

父母以身作则

父母是孩子的第一任老师。

心理学家塞得兹说："人如同陶瓷器一样，幼儿期就好比制造陶瓷器的黏土，得到什么样的教育就会成为什么样的雏形。"

如果父母脾气暴躁，动不动就发脾气，那么，家里的女孩也一定会是个没有耐心、暴躁易怒的人，永远不要低估孩子的模仿力。

加拿大心理学家阿尔伯特·班杜拉认为，儿童可以通过观察、阅读、听他人讲述来学习模仿人类的行为。班杜拉及同事的一项著名研究证实了这个观点。研究中，72名幼儿园儿童分组观看两个成人榜样：一个人对充气玩偶拳打脚踢，另一个则安静地玩其他玩具，对旁边的充气玩偶没有暴力行为。之后，让儿童玩这个玩偶，观察过暴力榜样的儿童模仿了攻击行为，而且发明了新的攻击玩偶的行为，譬如用玩具枪向玩偶射击。另一组儿童则没有表现出攻击行为。

在家里，父母一定要注意收敛自己的脾气，妥善管理自己的情绪，给孩子一个正面和积极的榜样形象。

教育家苏霍姆林斯基说：“每一个瞬间，你看到了孩子，你也就看到了自己，作为孩子的第一模仿对象，家长在对孩子提出要求时，也应该关注自己是否也能达到自己的要求。”

喜怒哀乐都是很正常的现象，当女孩出现了这些情绪，父母首先不要斥责她们，要给她们时间处理自己的情绪，或者帮助她们处理，一味压制，只会“制造”出一个不懂得表达自己情绪的女孩，或者是只会歇斯底里吼叫的“小火山”。

善于控制情绪的女孩，才会懂得表达自己的内心，在以后的人生中，能和世界进行更好的对话。

仪式感，在女孩小的时候也很重要

01

周末，我和朋友约好两家一起出去郊游。到了时间，却被朋友告知无法同行了，因为他们家女儿不乐意去。

因为我们家每个月都有一次踏青活动，所以我们自己带孩子去了。

后来，听朋友说起那次爽约的事，原来是因为她女儿临出门前说了一句："出去玩一点意思也没有。"一想到开车跑那么远去郊游就为了让孩子高兴，孩子反而不领情，说没意思，他们夫妻俩觉得气不打一处来。

六七岁的女孩，正处在贪玩的年龄，之所以说出这么悲观的话，肯定多少和朋友家的教养模式有关系。因为朋友两夫妻平时工作都比较忙，孩子是跟着老人的，周末接回来的时候，他们两个人也是忙着收拾家。孩子呢，不是做作业，就是看电视，或者上补习班，一家人一起外出玩的机会几乎没有过。

在我们家，我和诺诺爸约定，不管有多忙，每个月都至少带孩子出去玩一次，去爬山或者是到郊外玩一玩，让孩子接触大自然，看看花，摸摸草，听一听虫子的叫声，多好。

一个月一次的短途外出，已经成了我们家的一个习惯，诺诺对此很期待，每个月出游这一天，她都会提前准备好舒适的运动服和运动鞋，在背包里准备一些自己喜欢的零食，带上一本书和一个透明塑料袋，用来装在路上遇见的好玩的小东西，她曾收集了各种各样形状的树叶、鸟的羽毛。

对女孩来说，这样的仪式感真的十分重要，是她们生活里的小亮光。

什么是仪式感呢？仪式感就是使某天与其他日子不同，使某一时刻与其他时刻不同。它能把本来普通的事情，变得不一样。

村上春树说："仪式是一件很重要的事情。在逛街的时候，你特意帮我买我喜欢的衣服送给我，这是仪式；走路时，你蹲下去帮我系好鞋带，是仪式；生日时切生日蛋糕也是仪式。"

一个有仪式感的女孩，在某个特定时刻到来的时候，不用父母提醒，她们就会自觉地做一些事，这会让她们的生活多姿多彩；而且，仪式感也是女孩安全感的重要来源。

在平常的日子里，有某个特定的时间，是固定和她一起做某件事的，能给女孩带来受重视和认同的满足感，心里萌生出强烈的存在感。

有些妈妈每天睡觉前会给女孩读一个睡前故事，讲完故事会亲吻她的额头，跟她道一声晚安，这就是一种睡前仪式感，是属于女孩和妈妈最好的时光，让女孩感受妈妈对自己的爱，内心充满幸福感。

仪式感不是作秀，而是生活中很重要的一部分。即使在生活低谷，不开心、不如意的时候，微小或郑重的仪式感，也可以带给我们力量，一种认真活着的存在感。

02

培养女孩的仪式感，有什么好处呢？

让女孩养成礼貌的行为

一个有仪式感的女孩，通常都拥有比较强的规则感，并且享受这些规则及好习惯给自己带来的愉悦。见到人，会热情礼貌地打招呼；得到了别人的帮助，内心会感激，更乐于帮助别人。

有助于女孩拥有好习惯

仪式感会让女孩习惯了在特定的时间做特定的事，有利于她们养成良好的生活习惯。同时，还会让她们的生活更加有条理性和规划性。

可以让女孩收藏回忆

那些曾经充满仪式感的大小事件，会成为女孩心中最美好的回忆。

每年我生日的时候，妈妈都会给我做一套新衣服，烧几个我喜欢吃的菜，这个习惯一直保存至今，正是因为这样的仪式感，让我感受到了妈妈对我满满的爱意与呵护。

自从我有回报的能力之后，我也会在特定的日子里，给父母一些小惊喜。比如，虽然我远嫁在外地，可是，每一个传统节日我都尽量赶回娘家。哪怕时间仓促，来去匆匆，我也一定要回去，因为在那个特定的时间，我知道父母盼着我，等着我，我的出现十分重要。他们期盼这些日子，就像我小时候对生日的期盼是一样的。

03

父母应该如何培养女孩的仪式感呢?

在特定的时间，和孩子一起做一些事

仪式感可以渗透在生活的各处细节里。比如，早上，一家人在音乐中起床，微笑着对孩子说一声“早上好”；每次和孩子分别的时候，都要拥抱一下说“再见”……

孩子会在日复一日的耳濡目染中，变成一个重视仪式感的人。

营造气氛

我买了一个手按铃铛，每次开饭前，我都会按这个铃提醒大家吃饭了。一听见我按这个铃，诺诺都会不由自主地放下手中的事情，去洗手，准备吃饭。

这么一个仪式感，也帮助诺诺改掉了之前要我喊好几遍“吃饭”都不愿意走出房间的习惯。按铃开饭这件事让她觉得特别好玩儿，连吃饭都变得有趣味了。

《小王子》这本书里，对于仪式感有着特别完美的诠释。

小王子驯养了狐狸之后，第二天又去看望它。

狐狸说：“你每天最好在相同的时间来。比如，你下午4点钟来，那么，从3点钟起，我就开始感到幸福。时间越临近，我就越感到幸福。到了4点钟的时候，我就会坐立不安；我就会发现幸福的代价。但是，如果你随便什么时候来，我就不知道在什么时候该准备我的心情……应当有一定的仪式。”

小王子不知道什么是仪式。

狐狸告诉他：“这也是经常被遗忘的事情，它就是使某一天与其他日子不同，使某一时刻与其他时刻不同。”

在平淡的日子里，让女孩感受到每天都是值得期待和盼望的，那就是仪式感的意义。

仪式感会让女孩学会用不一样的心情去对待一成不变的生活，认真地发现生活的乐趣，从而增加人生的幸福感。

李思圆在《生活中需要仪式感》中写道：“仪式感，会让你在平凡又琐碎的日子里，找到诗意的生活，找到继续前进的微光，找到不愿将就的勇气。”

仪式感不需要多么轰轰烈烈或特别，它只是属于你和亲人之间特有的一种表达方式而已。

愿你和你的女孩，也能在平凡的日子里找到生活的诗意。

第九章

磨刀不误砍柴工，从小培养女孩的学习力和生活力

保护女孩对世界的好奇心

01

在小区里，遇见一个熟识的邻居，忧心忡忡地对我说，她女儿总是问一些莫名其妙的问题，是不是脑子有什么问题。比如，人为什么要吃饭？为什么到了晚上天会黑……

同龄的孩子，每天不是玩玩具就是看动画片，她一天到晚问各种让人回答不上来的问题，真让人抓狂。

其实，家里有一个“总有问题”的女孩，是值得高兴的一件事。因为她们的好奇心要比别的孩子更强烈。好奇心会促使女孩学习新知识，探索未知的领域，可以让女孩保持对生活的热情，是精力旺盛的重要因素。

可我这个邻居面对女儿的问题，每次都是不耐烦地回答：“我怎么知道？哪来这么多稀奇古怪的问题。”

这种做法显然是不妥当的，这样不仅会扼杀女孩的好奇心，而且，让她们感觉到自己的好奇心是不被接纳的。

当女孩表现出对某件事的好奇心或者疑问，父母该如何做呢？

积极地回应

有一天，诺诺在姥姥家的小院子里，看到一只蚂蚁正在搬东西，她特别高兴地问："妈妈，你看蚂蚁在搬东西，它要搬到哪里去啊？"

听见她这么一说，我放下手中的事情，走到她的身边，和她一起观察蚂蚁："这小蚂蚁真厉害，你觉得它会搬到哪里呢？"

不急着给答案

不直接给出答案，而是让孩子试着自己去找答案，激发孩子的求知欲。

诺诺发现，蚂蚁搬着食物，走着走着，会有同伴来帮忙。这个发现让她很开心，原来蚂蚁也有好朋友。

过了大约10分钟，蚂蚁搬着食物终于到达目的地，是一个小洞，一看到食物来了，从洞口钻出来更多的蚂蚁，大家齐心协力把食物搬进了洞里。

诺诺兴奋地大叫："原来这就是它们的家。为什么要搬回家呢，这么辛苦，在外面吃不更好吗？"

她的好奇心又进了一步，这时候，父母需要做的是补充知识。

我告诉她，蚂蚁是要储存食物的，这样到了下雨天，它们也不必为了食物担忧。

孩子的知识量有限，遇到他们真的搞不懂的问题，父母可以在他们原有的知识上给予补充。

02

好奇心是儿童最大的特点之一，是一种求知欲。

美国儿童认知心理学家文迪·奥斯托洛夫说："好奇心是每一个孩子先天具备的，遗憾的是常常在后天遭遇扼杀。所以很多孩子随着年龄的增长，好奇心往往所剩无几。”

科学家研究发现，好奇心的消退，主要是由父母的教养方式导致的。正确引导和面对女孩的好奇心，对她们的成长是非常有帮助的。

满足女孩的好奇心

当女孩有了好奇心，父母一定要满足。

比如，女孩问：“妈妈，为什么鸟儿会飞啊？”

如果父母回应的态度是：“就是会飞啊，哪来的为什么？”

这样的回答让孩子的好奇心得不到满足，甚至受到了消极的干预，好奇心就会很快消减，以后面对再新奇的刺激都会选择回避退缩。

所以，当孩子提出问题的时候，父母应该积极解答，遇到父母自己也不知道答案的问题，可以和孩子一起搜索或者查阅资料。

对孩子而言，和父母一起寻找答案的过程，同样十分可贵。

引导女孩思考问题

当孩子提出一些相对简单的问题时，家长可以不必急着直接给出答案，而是引导孩子自己思考。

比如，有一次诺诺问为什么有的人穿裙子，有的穿裤子，有的人穿外套，而她要穿马甲。我说：“对啊，这是为什么呢？妈妈今天还穿了一件长袖呢。要不我们先走一段路，再回答这个问题吧。”

我们走了一段路，爬了五层楼到了家，她说很热，立马就脱了衣服，穿了短袖。这时，她恍然大悟地说：“有人觉得热，就穿了裙子，而有人觉得冷，就穿长袖。”

我笑着点点头说：“是啊，每一个人的身体抵御外界温度的能力不同，所以呢，穿的衣服多少也会不同。”

用孩子的思维看问题

受年龄的限制，女孩在看待问题时，不如成人那么全面和深入，所以在向女孩解释问题的时候，一定不要把过多的知识一次性传输给孩子，有时孩子听不懂，也会限制她们好奇心的发展。

不约束女孩

为什么会下雨？下雨过后，为什么有彩虹？

当女孩对某件事产生了兴趣，父母一定不要打击孩子，也不要以成人的思维去约束孩子，给出唯一的“正解”。

面对雨后为何有彩虹的问题，我问诺诺，你是怎么理解的呢？

诺诺的答案是：“天空伤心了，所以就哭了，雨水就是它的眼泪。彩虹是天空的好朋友，她一来，天空就不哭了。”

她的话让我脑补一下这个画面，觉得特别美好。我觉得这个答案比我从自然科学的角度去解释彩虹的形成要有趣多了。所以，最后我由衷地对诺诺说：“妈妈觉得你的回答特别棒！”

有时，抛开正确答案的约束，是对女孩好奇心最大的保护。

做好奇的父母

都说父母是孩子的榜样。

如果你对周围的世界是充满好奇的，善于发现身边事物的新奇，那么，你的孩子也一定是这样的。

在别人的眼里，我就是一个“大惊小怪”的妈妈，有时走在路上，发现了一只虫子，我也会很惊奇地对诺诺说：“哇，你看这只虫子，有一对彩色的翅膀。”

后来，我和诺诺观察一番后，发现虫子的翅膀只是在太阳光下才会有颜色，没有了太阳光它也就没有了颜色。

夏天的时候，我捉了一只小蝌蚪养在家里，每天和诺诺一起仔细地观察它的变化，发现它慢慢地开始长腿，尾巴会“消失”，最后从一只游来游去的小蝌蚪变成一只活蹦乱跳的小青蛙。

在这期间，我和她一起，为了小蝌蚪的每一个变化而惊喜。

同步的好奇心会引发女孩更大的兴趣。所以，充满好奇心的父母身后一定会站着一个好奇心旺盛的女儿。

包容女孩因好奇心导致的破坏行为

有时女孩为了满足自己的好奇心，可能会做一些破坏性的事。这时，父母一定不要批评女孩，多包容，鼓励和称赞女孩的探索行为，但也要告诉她们，下一次，可以再小心一点，或者可以请爸爸妈妈来帮忙完成。

有一次，诺诺看到电视上一个做试验的镜头，特别感兴趣。于是，她也开始在家里做起了试验，把我的洗面奶、爽肤水，以及她的花露水，都倒在碗里，然后还加上了面粉、盐之类的在一起搅拌。

结果可想而知，后来瓶子被打翻了，撒得到处都是面粉。

询问之下，得知她是为了“做试验”，我先是肯定了她主动探索和尝试的勇气，同时也告诉她，做完实验，用完的东西一定要放好，而且，面粉可以用勺子舀，而不是用手直接抓。

03

父母宽容的态度，不仅可以鼓励和发展孩子的求知欲和探索精神，也能培养孩子一些好的生活习惯。

科学家发现父母的一些行为，有利于女孩好奇心的发展：

◎ 妈妈好奇心的行为多。

◎ 妈妈与女孩进行的互动多。

◎ 珍惜女孩的好奇心，建立宽容、接纳的家庭氛围。

◎ 容忍孩子的冒失行为。

◎ 给孩子相对新颖、不熟悉的刺激物或开展新奇的活动。

女孩的好奇表现被忽视，得不到父母的支持，只能靠自己，这样的孩子可能会有很多主动探索的行为，但总不能持久，对新事物浅尝辄止，她们的好奇心有广度，但是没有深度，不知道很多问题的深层答案。

好奇心研究专家伊恩·莱斯利认为，在未来，有好奇心的人会受到青睐。

好奇心会让女孩从内心产生探索的欲望，激发女孩的学习热情，这些好奇心也会让女孩享受学习的过程，并且在这个过程中不断找到快乐和自足。

让女孩拥有顽强的意志力，不惧困难

01

朋友家的女儿特别爱哭，不管做什么事情，一下子做不好，就情绪不好，情绪一不好，本来不太熟练的事情，就会做得更糟糕，一来一去心态垮了，就崩溃大哭。

有一次，娘俩去家对面的超市买东西，因为朋友手里提着东西，没办法抱女儿，就让女儿试试和她一起走回去，结果女儿没走几步就说累，说自己没办法坚持走回家，开始崩溃大哭。动不动就哭，几乎成为这孩子生活的常态。

朋友苦恼地问我，该怎么办？

我告诉她，从现在开始，把她当成一个独立的人，不要凡事包办，造成她“毫无能力”做任何的事，这非常不利于孩子意志力的培养。

在心理学上，人的意志力可分为三个部分：自觉性、果断性和坚韧性。

而意志力的核心部分就是坚韧性，女孩的坚韧性是可以通过家长的培养达成的。比如：

找到女孩的兴趣目标

平时多让女孩接触一些东西，通过观察发现女孩的兴趣点所在。

美国教育家杜威曾说：“兴趣是生长中的能力信号和象征。”

每一个孩子都有与生俱来的天赋，但是，最关键的还是父母善于从孩子的一言一行中发现他们的潜质，去开发和训练这种潜质。

引导女孩做计划

一旦发现了女孩的兴趣点，就可以教女孩如何一步一步地做计划，达到自己的目标。

对于孩子来说，目标和理想可能都太遥远，而做计划就可以将目标分解成一个个小目标，再分阶段去完成，这有利于孩子坚持，而且，在短期内看到自己的成绩，会让他们有成就感。内心有成就感的孩子，才会自信满满。

坚决执行计划

《教育心理学》中写道：“兴趣、好奇心、探索欲，是人类学习最早的动力，让孩子自主选择，让他们面对自己真心热爱的事物，除了能获得更好的学习效果，孩子的个性也能得到充分发挥，有助于其心理健康的发展。”

发现兴趣和做计划，这些事情对于女孩来说都不是最难的，最难的是坚持自己制订的计划。这个过程非常重要，需要女孩具有强大的意志力，需要女孩克服惰性，努力调动自己的积极性。父母能做的就是引导女孩积极地实施计划，帮助女孩克服在坚持计划中可能出现的所有困难。

02

那么，在日常生活中，父母应该如何锻炼女孩的意志力呢？

有意识地培养女孩的独立性

现在很多女孩在生活上的独立性都是很差的，大部分在家里过的都是“饭来张口衣来伸手”的日子。

培养女孩的意志力，首要条件就是让女孩独立起来，让她们做自己生活的主人。只要她们有能力完成的事，尽量让她们自己办。

而父母需要做的就是调动女孩的积极性。比如，自己收拾书包，准备第二天上学的衣服，或者是吃饭前给大家盛饭，负责家中简单的打扫工作等，这些都是女孩力所能及的事，不妨放手让她们去做。

经常让女孩独立做事，也是一种锻炼。

有一次，在朋友家做客，我们大人在聊天，孩子们在一起玩游戏。朋友的女儿想喝酸奶，她就让女儿自己去拿，结果，她女儿不乐意，还生气了，说妈妈不爱她了。

六七岁的年龄，完全有能力自己开冰箱拿东西了。可是，因为平时朋友的包办，把女儿养成这么一个“玻璃心”，觉得妈妈不帮我拿酸奶，就是不爱我了。

刻意制造困难

美国一些儿童教育专家指出，有条件的父母应该有意识地为孩子设置一些经过努力可以克服的小困难。

聪明的父母，往往懂得适时地“为难女孩”，当然，父母要给女孩克服困难的勇气，也要适当引导她们，如何解决问题，这样不至于一下挫败了女孩的积极性。

诺诺4岁的时候，我开始教她叠衣服。

在她学会叠自己的衣服之后，我和她商量让她帮我叠一下衣服。一开始，她看到自己被需要特别高兴，但是真的操作起来的时候，还是有点难为她的，大人的衣服大，她手小胳膊短，叠起来比较困难。

为了让她有信心继续挑战自己，我在旁边叠床单的时候，故意弄掉了好几次。我自言自语地说："我一定可以把它叠好的，加油。"

听见我这么激励自己，诺诺眼睛也闪着光，看着我说："妈妈，我们一起加油。"

后来，她终于叠好了最难叠的一件衣服，那就是爸爸的衬衫，而我也"搞定"了床单。

适当地让女孩做一些有难度的事，有利于提高她们的生活自理能力，可以更好地适应生活，也达到了强化她们意志力的目的。

女孩的意志力正是在一次一次对自己的挑战中建立起来的。

批评女孩

最近几年，频繁出现女孩被父母骂了一顿或者是考试不理想，就走上了极端之路的报道。

不得不说，这些女孩都过于敏感脆弱，意志力不坚强。

其实，适当的批评，也是增强女孩意志力的一个方法。

在某个电视节目中，马未都说，现在的孩子养育得过于娇气，打不得骂不得，想起小时候，他们那个年代，体罚是很正常的。当然，现在主流教育观念不提倡体罚，但是适当地给予孩子一些体罚在英国已经是被允许的。

是否需要到体罚的地步要看具体情况，但是当女孩做错事，或者犯了一些原则性的错误，家长给予及时的批评是十分必要的，不仅有助于规范女孩的行为，改掉一些不好的习惯，有助于强大她们的内心。

毕竟，以后每一个女孩都是要离开父母的怀抱，走上社会，与他人接触的，不可能人人都如父母般包容她，被挑剔、被批评肯定是在所难免的。父母应该培养女孩承受这些"伤害"的勇气和力量，并且将之转化为进步的力量。

榜样的力量

任何时候，父母都不要低估家庭教育对女孩的影响。对于孩子来说，父母是抚养人，也是人生的灯塔。

父母的行为对女孩的影响尤其大。

有一次，我在电视上看了一档节目，某个明星为了磨炼女儿的意志力，带她去长途徒步，脚都磨破了。

我原本是个体力不太好的人，平时户外活动也极少。看了这期节目，我决定效仿，带着诺诺一起去户外爬爬山，或者是绕着公园走几圈。一向喜欢在家里宅着做手工的诺诺，刚开始对这一项活动也没有什么兴趣，都是我拉着她去的。刚开始爬山，我多少有点体力不支，差点坚持不下去，但是想着后面还有个孩子看着我呢，我必须加油，就这么咬着牙爬到了山顶。诺诺也在我的带领下，气喘吁吁地爬到了山顶。

半年坚持下来，诺诺之前一跳绳就心慌气短的毛病没有了，还和我们说，放寒假了要去滑雪。以前她虽然也说过觉得滑雪很酷，但是更怕摔跤很疼，现在她决定要挑战一下自己，她说，也许坚持一下，努力一把就做到了呢。

接住她“挑衅”的小眼神，我当然也不能落后，答应她有机会一定要一起去挑战。

强大的意志力，会让女孩变成更勇敢的人，不惧怕困难，即使知道前面有险阻，意志力也会给她方向和底气。意志力才是一个女孩成长的“东风”，拥有了它，才能面对万事。

礼貌是女孩最好的标签

周末，带儿子去参加朋友女儿的生日party，家长们一起准备吃的，孩子们在院子里玩，不一会儿，一个朋友的孩子过来说："姐姐在用水枪射击一床棉被。"

大家跑过去，果然看见院子里，朋友的女儿正背着水壶，手里拿着水枪，在对着棉被射水，她打算在被子上"画"一个小兔子。

朋友呵斥女儿，让她停止手上的动作。因为女儿弄湿的是家里的保姆李姐的被子，她让女儿给李姐道歉。结果，她的女儿说了一句让我们特别吃惊的话。

"她就是一个干活的保姆，我为什么要向她道歉？"

说完这话，孩子就走开了。朋友无奈地摇摇头说："这孩子真的是没有办法。"此时李姐就站在旁边，轻声说："没事，她还小。"

朋友跟李姐说了一声抱歉，解释说今天是孩子的生日，所以这件事就算了，等会儿她去商场再买一床被子给她。

这件事就这么息事宁人地过去了。吃饭的时候，有一道蛋黄焗锅巴特别受到孩子们的喜爱，眼看着锅巴不多了，朋友家的女儿生气地说："这是我家，我的生日，你们都应该听我的。"

这句话一出，所有的孩子几乎都停止了手上的动作。朋友的女儿把盘子端到自己的面前，脸上露出了胜利的微笑。

朋友说了女儿几句，不过是无关痛痒的话，根本没有阻止女儿的行为。大家各自安慰自己的孩子，吃完饭，帮朋友收拾了一下，我就找了个理由，带儿子离开了，没有继续参加后面的游戏环节。

这个朋友家的经济条件很不错，自从有了孩子，她特意把自己手上的生意交给了可靠的亲戚打理，就是为了自己能闲下来好好教育孩子。现在看来，她的教育效果不尽如人意。

在孩子犯错的时候，她做了错误的引导。错误的引导，比不教育更可怕。

众所周知，中国是礼仪之邦。可一个人的礼仪，是要从小就开始引导和培养的。

礼貌待人是与人沟通的一座良好的桥梁，也是一个人获得尊重的必要条件。

要想让女孩成为一个有礼貌的孩子，那么，首先得让女孩懂得礼仪的重要性。

礼仪使女孩独立，懂得尊重他人

一个懂礼貌的女孩，在言行举止上更加得体，在与他人相处中，会成为一个受欢迎的人，积累更多的善缘和人脉，以后的人生道路上，也会得到更多的机会。

心理学家约翰·戈特曼的研究显示：那些懂得礼节、礼貌的女孩，其身心会更加健康，而且会关心其他人。

曾有一篇报道说，一个幼儿园有个小女孩特别有礼貌，见到门卫爷爷每次都说“您好”，放学的时候，也会跟爷爷说“再见”。可那一天，看门的爷爷都快锁门了，也没有等到这个小朋友来幼儿园，就去小女孩的班级问是不是请假了，老师说，家长没有请假。

看到停在幼儿园不远处的校车，他走过去看了看，发现小女孩躺在车里，满头大汗，如果不是抢救及时，就会有生命危险。

大家都说这个女孩真是福大命大，我却想说，这是她平日的礼貌为她争取的“运气”。

礼仪有利于女孩专注力及纪律感的培养

礼仪会利于女孩在公共场合约束自己，形成良好的行为习惯，不会做一些破坏公共秩序的事。

假期的电影院，孩子尤其多。有一个七八岁的女孩，从电影开场开始，就在电影院里疯跑，大家都感觉受到了干扰，家长却无动于衷。有一名年轻男子，忍不住开口跟女孩说：“你能不能坐好，不想看可以出去玩。”女孩却振振有词地说：“我买了电影票，我就喜欢在电影院玩。”说完女孩依旧在电影院里跑来跑去，这个小伙子脾气上来了，直接上去给了女孩一巴掌，而那个“隐藏”的家长，立马暴跳如雷，要小伙子给自己的孩子道歉，说他没有素质。

人群中有人说：“你女儿这么没礼貌，还指望别人给你们道歉。”

男子的做法虽然不妥，但冲突的根源还在于家长没有培养好女孩在公共场合应有的礼仪习惯。

小孩子的专注力有限，很难从头到尾安静地看完一场电影，家长在女孩吵闹的时候，就应该告诉女孩，你这样吵闹会打扰到别人，是不对的。如果孩子怎么都不听，家长应该带着女孩暂时出去，不要影响到其他人。通过家长的处理方式，女孩会意识到影响他人是不对的行为，下次也就会自觉一些。

没有孩子生来就懂礼貌，都是家长教育出来的。

印度电影《小鞋子》里的哥哥阿里，丢了妹妹莎拉的鞋子，不敢告诉爸妈，除了怕挨打，更是知道没有钱再给妹妹莎拉买一双新的鞋子。于是，兄妹俩商量好，莎拉早上穿哥哥的球鞋去上学，放学后奔跑回家，再把鞋子给站在巷子里等她的哥哥。

一次，偶然的机会，莎拉在学校发现了自己丢失的那双鞋子，穿在一个女孩的脚上。她找来哥哥，两个人准备要回鞋子。可是，他们看到穿她鞋子的小女孩，生活也特别困苦。他们两个眼神交流了一下，放弃了要回鞋子的念头，尽管两个人穿一双鞋子，特别不容易。

为什么他们会这样做？离不开家庭的教育。

他们家虽然很贫困，交不上房租，买不起糖，可是，不管他们多想吃糖，爸爸从来不会拿教堂的糖，他告诉孩子们："这是教堂的礼糖，我们不可以拿。"

对孩子而言，父母就像一面镜子，身教的力量永远大于言行。所以，引导女孩最好的方式，就是父母做好自己。

女孩子的很多行为都是在模仿家长，如果家长以身作则，行为良好，女孩发生不良行为的概率也会大大降低。即使孩子出现了不良的行为，父母教育起来也要容易得多，因为比较有说服力。

朋友也曾跟我抱怨，说家里的保姆李姐太拿自己当回事。有时，做完事直接坐在沙发上看电视，简直就是拿她家当自己的家了。相信她女儿肯定也是听过这样的抱怨，所以才会这么放肆无礼。

电视上，有一则公益广告，父母后面跟着一个孩子。父母随地吐痰，孩子也会跟着吐；父母闯红灯，孩子也会尾随其身后；父母对家人发脾气，孩子也会破坏自己的玩具……

要想让孩子懂礼貌，父母首先要做到有礼貌。耳濡目染之下，女孩也会效仿大人的行为，成为一个有礼貌的人。

蒙田说："礼貌无须花一文而赢得一切。"

在平时的生活里，家长在教育和引导女孩有礼貌的同时，一定要记得尊重她们。女孩子的自尊心强。所以，即使女孩不愿意开口打招呼，或是不愿意跟客人告别，家长也不要当众批评她们，可以等客人走了再和孩子沟通。

礼貌，是家长送给女孩最好的礼物，这份礼物将伴随她们一生，不仅让她们拥有美好的心灵，更让她们收获更多的友谊和爱。

内向的女孩自带光芒

在商场里，偶遇之前同住在一个小区的邻居，她女儿和我家诺诺是幼儿园的同学。许久不见，她惊呼诺诺变化大，比上幼儿园的时候漂亮多了，接着又好奇地问诺诺现在成绩如何。诺诺只是微笑了一下，没有回答。

她把我拉到一边说："你家丫头还是这么不喜欢说话？性格太内向了，你得注意一些，这样不好。"

我礼貌性地回答："谢谢。"拉着丫头走出了商场。

诺诺性格内向，在她一岁左右，我就有所察觉。她不像同龄小朋友那么爱笑，说话也比较晚。虽然在家里会和我们交流，但出了门，一切情绪只写在脸上，从来不会说出来。

如今，她10岁了，最喜欢的事情就是一个人在房间里写作业、画画和做手工，除了我提出让她帮我照顾一下弟弟，不然，她可以一整天都在自己的房间里。

学素描一年，学卡通漫画一年，现在她临摹一些画，已经特别好了。我经常会在朋友圈里晒她的画，获得大家的点赞，有人羡慕地说："你写文，你丫头负责插图，完美。"她的手工也做得特别好，家里随处可见她捏的各种卡通造型。

有一次，我在淘宝上买了一些家里需要的小收纳盒和柜子，需要自己安装。看着一堆木板还有图纸，我傻眼了。诺诺自告奋勇要帮我安装，不一会儿就搞定了。

看着她独立安装好的盒子和柜子，我真的是打心眼里佩服她。她不擅长表达，以及和别人沟通，但是，动手能力真的很强。

而且，她成绩一向优异，每一科的老师都很喜欢她，在班里担任班干部，有自己的好朋友。我不觉得她性格内向一点是个问题。

其实，女孩性格内向的原因有两个：一是遗传性的；二是和后天的教养方式有关。

父母们都希望自己的女儿个性活泼开朗，可以和别人进行很好的交流，走到哪儿都能成为关注焦点。

在外面经常会看见这样的场景，一个孩子在想要什么东西，又不想说话的时候，就被家长逼着："你自己去说，你不说我也不帮你。"孩子不肯开口，家长就一步一步紧逼，直到孩子大哭。家长内心也崩溃了，觉得自己的孩子太"与众不同"了，甚至觉得孩子这么内向不行，必须想办法强行改变。

殊不知，内向的性格其实也有很多的好处：

内向的女孩专注力强，做事谨慎

研究表明，内向的女孩更能在某一个领域里获得成就。因为内向的女孩专注力更强，做事也善于思考，不会莽撞行事。她们做事往往会经过深思熟虑，只要开口说话，准备做事，都是相对有把握的，而且，做事很谨慎、细心，所以更容易做成一件事。

内向的女孩内心更丰富

内向的女孩喜欢独处，喜欢思考，她们更注重自己的精神世界。

内向的人，一般对外界的刺激比较敏感，这种敏感会让他们有很多细腻的体会和感受。

有一次老师布置了一篇作文，描写秋天的景色。我告诉诺诺，你得去公园里走一走，看一看，这样才能写出让人身临其境的文章。

诺诺摇摇头说她自己有办法。最后作文写完了，我看了简直目瞪口呆，这完全就是一个秋天的童话故事，她自己完全操作了一部“电影”。

诺诺丰富的内心，让我十分惊喜。

内向的女孩专情、执着，能获得长久的友谊

很多人以为，内向的女孩往往不善交际，在群体中会成为不受欢迎的人，有研究表明，这是一种误解。内向的女孩只是不善言辞，但是她们有与外向女孩不同的社交方式，她们也有亲密的小伙伴。

内向的孩子交朋友讲究“少而精”，一旦他们和某个人做了朋友，这份友谊绝对是“纯铁”，而非“塑料花”。

我有个同事性格很内向，却深得经理的心。经理经常私下对人夸奖这个同事，说她虽然没有什么过人的能力，但是性格沉稳，做事也踏实，给人感觉很值得信赖。有一次在闲聊中得知经理的胃不好，她专门给经理送了一瓶醋泡花生米，说是专门治疗胃病的偏方。

这个女同事在公司口碑很好，有一次，公司有个集体活动，自愿参加，她没有出席，等大家回到公司，发现每个人的桌面上都放了一盆绿萝，是这个女同事专门去花市买的。她不喜欢热闹，但是，沉稳内敛的性格让她收获了很多友谊。

对于内向的女孩，人们总会有一个误解，觉得她们被动、不善交际、不讨人喜欢，在社会上，很难找到自己的位置。

其实，内向女孩的“被动”，更多时候是一种谨慎。她们在一件事上会思前想后，权衡利弊，想清楚了再出击，不会莽撞行事。对她们感兴趣的话题，在她们信任的人面前，其实她们一样可以侃侃而谈。

父母们不要再纠结自己的女儿是否内向，如果答案是肯定的，接纳和理解

才是最好的爱。

如果想让内向的女孩变得更加积极主动一点，家长可以试着借助女孩的特长，在她们喜欢的领域里，鼓励和引导她们。

比如，你的女儿喜欢看书，那么，你可以带她多参加一些读书的沙龙活动，在那里，结识更多的有共同爱好的小伙伴，共同的话题会让她更愿意敞开自己的内心，渐渐地引导她用语言来表达自己的感受和想法，切不可逼迫孩子，更不要给孩子随意贴上“害羞”“不爱说话”“没用”的标签。

有调查显示，成功者中内向的人所占比例远远高于外向性格，爱因斯坦、比尔盖茨、巴菲特、村上春树……世界上70%以上的成功者其实都是性格内向的人。

内向对于女孩来说，并非是一件糟糕的事，也可能是她一生的财富。

如何与女孩谈论“生死”？

01

诺诺第一次真正意义上接触死亡，是我姥姥的去世。

我姥姥弥留之际，我带诺诺一起回去见我姥姥最后一面，在她老人家合上眼的那一刻，诺诺问：“妈妈，太姥姥死了吗？死了以后会怎么样？”

我解释道：“死了就是她以后不会出现在我们生活中，去了另外一个世界。”

自从听了这个解释，诺诺就开始对死亡充满了恐惧，她经常会问我：“妈妈，我害怕死，要是死了，就再也见不到你们了，那么多好看的衣服我也不能穿了，好看的小说我也看不了了……”

听着她的话，我的心里既难过又好笑。

我对她说：“生和死，是每个人一生都会经历的事情，就像春天叶子发芽，秋天叶子从枝头掉落一样，是很自然的事情，没什么好害怕的。”

听说我和诺诺谈论死亡，朋友觉得特别不可思议，说不应该和小孩子说这些。但是，我想说，在中国，我们缺少了一节课，那就是关于“死亡教育”的课。

关于死亡这个话题，很多家长都会选择回避，因为觉得这个话题过于沉重，不希望孩子沉浸在伤感的氛围中，更担心死亡会让孩子产生恐惧。

其实，孩子的好奇心是无法回避的，死亡这个主题在每个人的生活中都时常上演，大到家里亲人的离世，小到家里养的金鱼死了，一朵花的凋谢……

有专家指出，儿童自幼年开始便对死亡产生好奇与疑问，若得不到正确的引导，他们容易通过媒介或鬼怪故事，被夸大、不实、扭曲、神秘的描述所影响，使儿童产生错误或片面的死亡认知，进而产生恐惧、抗拒等负面情绪。

很多国家和地区都会对孩子进行“死亡”教育，让孩子了解死亡，进而不惧怕死亡，更懂得珍惜生命的可贵。

英国：皇家学院1976年建立死亡教育机构。教育改革方案中，健康教育的标准也包括“死亡和丧失”课程，为年龄低至11岁的儿童开设内容与死亡有关的课程。

柏林：小学会邀请在殡仪馆的工作人员来课堂上讲述人死时会发生的事情。

中国台湾：中学普遍开设正规的“生命教育课”，编制了生命教育教材及“生命教育教师手册”。

02

和女孩谈论死亡，会让她们更加懂得珍惜生命，在有限的生命里，努力认真地做一些有意义的事，不虚度光阴。

每一个阶段的女孩，因理解能力有限，所以在谈及“死亡”的时候，家长需要区别“对待”。

婴幼儿（0～4岁），对“死亡”没有概念

这个阶段的女孩，很难明白死亡的概念，家长可以用一些比喻的方法解释“死亡”，比如，当女孩弄坏了玩具，失去了原本的功能，告诉孩子“玩具死亡”了。

诺诺在三四岁的时候，特别喜欢把芭比娃娃的胳膊和腿掰下来，导致后来很多芭比娃娃被“肢解”，我不止一次地告诉她，你这样弄，芭比娃娃就会“死”，因为怕玩具会“死”，所以诺诺渐渐地开始珍惜玩具，也明白了“死”意味着她无法再拥有这个东西了。

儿童期（4～7岁），有了一定的安全认知能力

这个阶段的女孩，对人生的很多问题都会表示出兴趣，处在探索的阶段，父母对女孩进行“死亡”教育，要让女孩明白，危险的事和死亡是相关的，培养女孩的安全意识。

比如，告诉孩子，过马路要注意安全，要看红绿灯。有危险的地方不能去，危险的事情不能做。

少年期（7～12岁），已经具备一些独立性

这个阶段的女孩，对死亡有了进一步的认知。当女孩问及死亡的话题，家长一定要正面回答孩子的问题，不要用“走了”“去了很远的地方”之类的话语，来和孩子解释死亡。

可以带孩子去博物馆、科技馆，看看人是如何出生、长大、老去和死亡的，用科学的态度解读死亡，让孩子明白生命的更替是一件很自然的事，自然就不会那么恐惧了。

电影《环游寻梦记》，说的就是一个孩子，因为拿了一把吉他，误入了另外一个世界，那里都是死去的人，在那里，他们每天过着生前做的事。这部电影很好地向孩子诠释了，死亡并不可怕，只是另外一种存在。

青少年（12～18岁），生命有限而可贵

这个阶段的女孩，已经有了自己的想法。“死亡”教育能让孩子感悟到生命的有限性、唯一性，从而思考生命的价值。

只有珍惜生命、敬畏生命，才能以博大的胸怀和坚韧的毅力去实现个体生命的价值。

前不久，一个朋友问我是否知道一款“蓝鲸”的游戏，我以为这只是一款很普通的游戏，当我去网上搜索的时候，才知道这个游戏有多么可怕。

这款来自英国的网络游戏，鼓励青少年在50天内完成一系列由一个幕后主人给你分配的挑战，在挑战的最后一天，主人会命令参与者结束自己的生命。不少青少年误入歧途，甚至送出自己宝贵的生命。

可见，对孩子的死亡教育，是多么的必要。

我们要把爱注入女孩的心灵，引领女孩认识到自己与他人、世界的紧密关系，珍爱自己的生命，尊重他人的生命。

03

在日常生活中，我们可以通过哪些途径，让孩子对死亡有更加清晰的了解呢？

给女孩读绘本

对于年龄较小的女孩来说，家长们可以通过绘本让孩子了解死亡的概念。绘本温馨的故事、温暖的画风，没有强烈的冲击力，更容易让年幼的女孩接受和理解死亡，教会孩子爱与希望。

诺诺5岁那一年，我给她读了一本绘本《会“飞”的鸵鸟》，因为她养的一条金鱼死了，她很伤心，我想通过这个故事告诉她，每一个有生命的动物都会

死亡，但是，它们最后都会在某一个地方相见，即使鸵鸟死了，它依旧“飞”在天上，看着自己的孩子，祝福它们，为它们的幸福感到快乐。

带女孩去扫墓

进入小学以后，很多学校都会在清明节组织孩子给革命先烈扫墓，让孩子了解革命先烈的伟大，今天的生活来之不易，进而引导孩子了解生命的意义。

家长也可以在每年清明节祭拜祖先的时候带孩子一起参与。

家长应该大方地和女孩谈论死亡，不要藏着掖着，因为你越是这样，越会让女孩对死亡产生恐惧感。

让女孩了解“死亡”，是为了让她们能更积极地生活，更加珍惜身边的人，活出生命的光彩。

第十章

尊重和关爱女孩的青春期

女孩的隐私比你想象的更加重要

01

一天放学回来，诺诺给我看了她新买的笔记本。本子很漂亮，不过，这是一个密码笔记本。

发现了这个功能，我并没有表现出惊讶，只是云淡风轻地说："很好看。"

她歪着小脑袋问我："妈妈，你不问问我为什么买密码笔记本？"

我若有所思地说："难道不是因为你喜欢这个笔记本吗？想拥有自己喜欢的东西很正常，妈妈看到自己喜欢的东西，只要价格合适，也会买下来啊。"

她点点头说："我真的很喜欢，我打算用它写日记。"

后来她是否用这个本子写了日记，我不知道。经常看到密码本放在桌子上，而密码用一张小纸条贴在封面上。可是，我从来没有好奇要去打开它。

直到有一次，诺诺问我："妈妈，你想不想知道我的日记本里都写了什么？"

我摇摇头表示自己不想知道，既然用密码笔记本，里面肯定装着她的小秘密。她有什么事想让我知道的话，肯定会直接说的。

诺诺给了我一个拥抱，说："妈妈，你实在太好了。玲玲说她的密码笔记本，每天都被妈妈偷看。于是，她又买了一本，之前那本专门用来写给妈妈看，而另一本新的才是写自己的小秘密的。”

她现在告诉我的，正是她和玲玲之间的小秘密。她之所以这么信任我，是因为我从来没有偷看过她的日记本，也从来不去打探她的秘密，在她的心里我是一个值得信赖的人。

一个明智的妈妈，是允许女儿有自己的小秘密的。

02

马克斯·范梅南和巴斯·莱维林教授在《儿童的秘密》一书中写道：“对秘密的体验有助于形成我们的自我认知和自我角色；我们可以通过体验秘密来体验别的世界，探索未知的意义，获得深层的自我意识和自我认知；可以通过与他人分享秘密建立亲密。”

从教育的角度来说，拥有秘密对于女孩的成长具有很重要的作用，它是女孩走向独立的一个象征。

拥有了一个秘密，也意味着一种责任，这件事情需要自己独自去承担。这是女孩的一种“独立宣言”——从今以后，我有自己承担事情的能力。

每个人内心都有属于自己的小秘密，这是我们的私人空间，不想被任何人知道，一旦被触犯，我们可能会觉得不舒服。

随着女孩年纪的增长，她们迫切渴望有自己的空间及自己的小秘密。你会发现她们喜欢关着门，自己躲在房间里。即使一家人出门，她也会要求一个人在家。这个时候，父母不必太过于紧张，认为女孩“不好控制”了，其实，有“秘密”也正是女孩的一种无声的诉求，她们希望被尊重，有更大的空间自由自在地成长。

心理学家表示，儿童期的孩子有秘密，说明孩子有着丰富的内心世界，智商高，主意多。这样的孩子，往往组织和领导能力都很强，他们会编造很多“小秘密”，来吸引同龄的小伙伴；少年时期的孩子有秘密，说明孩子正在从幼稚走向成熟，善于思考，有自己的见解，自尊心也在增强。

03

当发现女孩有了自己的小秘密，父母应该怎么做呢？

尊重女孩的隐私

在孩子面前，注意自己的言行举止，不要刻意打探孩子的秘密，肆意侵犯女孩的隐私权，这样做只会让女孩在心理上和父母渐行渐远。

允许女孩有自己的小秘密，尽可能地给予她们渴望的空间。

自从二年级开始，诺诺就特意做了一个牌子挂在门上，牌子上写着“请敲门”。这是因为偶尔她爷爷来我们家，经常不敲门就直接打开了她的房门，但是，她又不好直接说，所以就做了这么一个牌子，委婉地提醒大家尊重她的私人空间，也是在告诉我们——她长大了。

和女孩多沟通

女孩进入小学之后，父母更多的注意力可能都会放在孩子的学习上，而忽略了孩子其他方面的喜好。这个阶段的女孩，通常在学校都有自己的好朋友，也更倾向于和朋友们分享自己的喜怒哀乐。

很多父母觉得自己好像完全不了解女儿到底在做什么、想什么，就会通过偷听、偷看日记本这些行为去窥探，这样的做法是极其错误的。

想要了解孩子的想法，家长应该多尝试和孩子沟通，不要站在家长的角度去说教，而要说一些能引起她们共鸣的话题，比如，分享一些自己小时候的事情。

一个朋友的女儿喜欢追星，她担心影响孩子的成绩，每次女儿一和她说起这些，都被她怼了回去：“好好学习，别整天搞这些没用的。”后来很长一段时间，女儿不再和她说追星的事，她以为女儿听进了她的话，直到她发现女儿把买早饭的钱偷偷攒起来，去买明星的签名海报。这件事情她也是无意中发现的，因为女儿把海报藏在了被单下面。

这件事情让她反省了自己之前和女儿沟通方式的失败，为了改善这种状况，她主动和女儿提及自己少女时期喜欢的明星，说自己当年为了追星都做了哪些事儿，现在想起来还是宝贵的记忆。一开始女儿还有所保留，几次之后，也开始滔滔不绝地和她聊了起来，并且坦诚自己虽然追星，但绝对不会耽误学习，只是为了学习之外还有一点娱乐。女儿还和她分享自己为了偶像做的手账本，厚厚的一本，而她之前根本就没有发现女儿在做这些。

不嘲笑女孩的秘密

有一些秘密在父母看来可能都是些不值一提的小事，但是对于女孩来说，那些都是独一无二、十分可贵的，所以即使无意中知道了女孩的秘密，也一定不要嘲笑女孩，质疑这些秘密的“价值”，更不能把女儿的秘密告诉其他人，这对于女孩来说，都是一种轻视和伤害，会对她们的心理造成很大的打击。

父母要尊重女孩的隐私，并且要给予理解和支持。父母的尊重，能够赢得女孩的信任和尊重，让她们在以后遇到一些困难或者有心事的时候，愿意主动和父母沟通。

父母越是尊重女孩的秘密（隐私），和女孩的距离就越近。

父母应该让女孩知道，有一些秘密她可以选择自己珍藏，另一些负面的事情，比如她受了伤害，或者遇见了坏人之类的，不要藏在心里，因为它们有可能会让她遭受更大的伤害。

父母想要和女儿沟通无阻，最好的办法就是允许女孩有自己的秘密。在女孩不想说的时候，不要强迫她们说出来，因为父母不尊重女孩隐私的行为，会激发女孩内心的叛逆。明明知道这件事是错的，对谁都没有好处，可是，为了和父母唱反调，一意孤行，只会导致亲子关系越来越紧张，最后可能还会害了女孩。

你的女儿会和男孩做朋友吗？引导她正确交往异性朋友

01

深夜，听到小区里一个妈妈的咆哮：“你说，到底是什么关系？”

这一次，并不是网上流传的，妈妈陪孩子写作业被逼到崩溃的地步，而是一个12岁的女孩被妈妈怀疑“早恋”了。据说，这女孩每天放学都和男孩一起回家，两个人还经常周末一起去看电影，一起逛书店，就是课间，两个人也经常在操场散步……

这两个孩子不在一个班，却是同一个年级。有一次放学，下雨了，男孩就那么淋着走在路上，女孩跟在后面走了好长一段路，追上男孩告诉他，可以和他一起撑伞。从那以后，两人就成了好朋友，上下学都一起。

为什么这两个孩子有这么多机会在一起？因为他们的父母都很忙，女孩的父母在大市场做生意，早上出门的时候，把晚饭做好放在冰箱，中午女孩在学校吃，晚饭就是回来把冰箱里的饭菜热一下自己吃，然后，自己写作业，父母回到家，基本都在凌晨了。

男孩呢，父母离异，跟着爷爷奶奶一起生活。平时在学校也没有什么朋友，遇到一个对自己很好的女孩，就特别喜欢和她在一起，仅此而已。

其实，只是一段“相互取暖”的友谊，并没有像女孩妈妈说的那样“早恋”了。

当发现女孩和某个异性的关系很好，不必太大惊小怪，给女孩扣上“早恋”的帽子。很多父母对于女孩和异性交往的问题过于敏感，怀疑这种交往的动机不纯。恰恰是父母的质疑、反应过激，让很多孩子原本纯洁的友谊变成了“早恋”。

青春期的女孩，处于身心发育和情感敏感期，对异性很容易产生好感，这是正常的现象，父母一定要给予理解。

如果父母用命令的口气，或者强硬的态度和她们沟通，女孩的心理就会产生一种抵触。

为什么青春期的女孩很容易被“感动”？

缺乏父母关爱的女孩，更容易与同龄人建立伙伴关系和友谊，如果这个时候，父母的管教方式过于严厉，就会引起女孩的逆反和敌视。这样就更容易把女孩“推向”她的朋友那里，让父母和女孩之间的关系越来越疏远。

如果发现女孩有早恋的倾向，可以通过交流和沟通，提醒孩子和异性交往的尺度，也可以告诉孩子，在现阶段最重要的任务是什么，其他的事情可以以后再做。心平气和地跟女孩分析一下，过度关注异性或者早恋而忽略了学习，会导致什么样的后果，把利害关系告诉女孩，但是不要武断地下结论说对和错，让她们自己衡量及判断这样做是否合适。

02

在女孩的青春期，父母如何做，才能避免女孩陷入早恋呢?

父母要重视家庭教育，注意构建和培养良好的亲子关系。

女孩进入了青春期，身体和情感的发展，相比之前的儿童期有很大的变化，她们的内心会变得更加敏感和丰富，对异性也产生了懵懂的好奇。如果父母对女孩缺乏了解，不能理解她们，缺乏沟通和共同语言，女孩可能就会选择和父母保持距离，以此来逃避父母的关注。

从小让女孩多和男孩接触

对于女孩的交友观，父母的态度应该放轻松，然后，再帮忙把关。当女孩处在儿童期，有的父母会刻意阻止女孩和男孩在一起玩，认为男孩调皮，自己的女儿会吃亏，或者被“带坏”，其实这样的做法是不妥当的。

在女孩的儿童时期，如果她们愿意和男孩在一起玩，父母应该给予支持。如果女孩刻意地躲避男孩，也可以制造一些机会，让女孩和男孩在一起玩。只有和男孩相处过，在女孩进入青春期后，才能有一个坦然的心态面对男孩。

父母在适当的时候要告诉女孩，和男孩相处的时候，应该注意什么，需要有一定的界限感，避免引起别人的误会。

关注女孩情感和内心渴求

临床心理学家Dr.Jonice Webb曾经提出过一个概念叫作“童年期情感忽视（Childhood Emotion Neglect，CEN）。简单来说就是，父母如果没能给子女足够的情感回应，将会使孩子过度自尊与自卑，没有归属感，没有安全感，甚至导致抑郁等心理创伤，严重影响到他们今后的个人成长与人际交往。

在求学阶段，父母很容易只关注女孩的成绩，除了学习，基本上没有其他的话题，不仅忽略了女孩情感和内心的渴求，也忽略了对女孩的健康人格和心理的培养。

学习只是生活中的一部分，和女孩保持良好的沟通，在青春期为她们答疑解惑，给予足够的安全感，也是最重要的。

性教育很有必要

当女孩进入青春期，对女孩进行适当的性教育，让她们懂得自我保护，坚持自己的原则和底线，对于女孩的一生来说，都是至关重要的。

在某新闻案例中，有个15岁的女孩怀孕了，镜头中，她告诉记者，她不知道为什么自己肚子就大了，从来没有人告诉过她，和男人在一起会让肚子变大。

对于女孩来说，谈恋爱、结婚和生子都是正常的事，只是这些事要到一定的年龄才能做。面对异性的时候，如何保护自己不受伤害，性教育刻不容缓。

当然，父母对于女孩进行性教育，应该是建立在尊重的基础之上的。给女孩灌输一些性教育的基本知识，什么事情可以做，什么不可以做，立下界限，但同时也要听听女孩的想法和意见，尊重，会让女孩感受到父母对自己的爱，也更愿意接受父母的意见。

后　记

10年前，我是一个写情感杂志的写手，写家里长短的故事，写爱恨情仇。

2016年，一个文友去了一个亲子号自媒体，邀我写亲子育儿稿。虽然已经是两个孩子的妈妈，也看过一些育儿书籍，身体力行地照顾自己的两个孩子，可是，对于这个新领域我还是觉得有距离感。

而促使我真正写亲子育儿稿的，是我看到自己小侄儿身上的一些问题。

小侄儿自从10个月断奶后，基本上都由奶奶照顾。虽然他们家和爷爷奶奶住的房子是前后院，但是，他大部分的时间都是和爷爷奶奶在一起，爸妈各自忙自己的事情。

一开始还看不出什么，小孩子嘛，渴了喝，饿了吃，基本上的生理需求满足就可以了。

这也是很多父母的误区，会趁着孩子小，出去上班赚钱，等到上小学再来陪伴，因为学习是大事。但是，后来在养育孩子的过程中，以及通过阅读各种儿童心理学书籍，我才真切感受到，6岁之前，才是孩子最重要的时期。

我的小侄儿在6岁前，吃喝拉撒玩都是由奶奶陪着。随着年龄的增长，我发现了小侄儿身上的问题——极度缺乏安全感，不论做什么都得有人陪着，他无法独立玩玩具、如厕。而且特别“玻璃心”，听不得一句不好听的话。甚至，在长期的不太和谐的家庭关系中，成了一个小“两面派”。

2016年6月，我开始尝试写亲子育儿文，主要供稿某个自媒体。把自己的育儿历程和看书心得糅合在一起，和更多的父母分享。

伊坂幸太郎说：“一想到为人父母居然不用经过考试，就觉得真的是太可怕了……”

其实，很多父母都是一边育儿一边学习的。愿意学习的父母，都是真爱孩子的好父母。

孩子只有感受到你的爱，才会愿意听你的，跟随你的节奏来。

因为我第一个孩子是女孩，所以我和大家分享的是养育女孩的种种。

对于妈妈这个“职业”来说，我也是一边实践一边摸索。

有一次我和我老公争吵，女儿躲起来哭了。在我难过、伤心的时候，她会问我，是不是她不够好。

面对这样的问题，我的回答自然是否定的：“怎么会是因为你呢？妈妈是因为某件事生气，和你一点关系也没有。”

我后来发现，我说了，她听了，但是，她没有相信。

我去翻儿童心理学书籍，知道了“共情”的概念。

后来再遇见这样的情况，我会抱着她，问她：“看见妈妈生气了，你是不是害怕妈妈不爱你了？不会的。妈妈有时也会像一个小孩子，会生气。可是，这是妈妈的事，过一会儿，坏心情过去了，妈妈还会和你一起玩，而且妈妈永远爱你。

遇见未知的东西，她会害怕、胆怯。通过共情，我明白，当我害怕一样东西的时候一样会拒绝，不管别人如何劝说、鼓励，我可能都不敢。

害怕、想放弃，这是很正常的一件事，何况，孩子的成长本来就需要时间。所以，只要不是一些原则上的问题，我开始变得佛系。

佛系并不是撒手不管，而是尊重孩子的成长规律，再用合适的陪伴方式，和他们一起成长。

我的女儿在外人看来，也是懂事、体贴、懂礼貌、有爱心的。

可是，她并非天生这样，或者说没有孩子天生就是“完美”的，关键在于父母的教育。平时我会把看书，以及各种渠道学来的知识在她身上实践，当然，所有的知识都得灵活运用，每一个孩子都有自己的“特质”。

养育女孩是一个特别奇妙的过程。

你会看着一个小婴儿，从什么也不会，一步一步在你带领下，成长为一个亭亭玉立的大姑娘，和你一起逛街，聊明星八卦，一起享受美食，欣赏风景。

当然，这个姑娘也会有情绪，会哭、会闹、会不高兴。而这个时候，正是你们增进感情的时候，千万不要烦躁。

蹲下来，和她的目光对视，告诉她，你知道她很难过，让她哭一哭，或者大叫一声。

只有无条件被爱着的女孩，才会成长为一个感恩的孩子。

偶尔，在朋友圈晒出女儿的种种，总有人问我："你是拯救了银河系吗？有一个这么懂事的女儿。"

每一个父母都可以"拯救银河系"，只要在为人父母这条路上，不断地学习、改变和成长。

孩子刚来到这个世界的时候，眼前的一切对他们而言都是陌生而新奇的，他们需要在父母的引导下，慢慢认识世界，学会和世界和睦相处。

我们中的很多人，都是第一次当父母。承认自己的不足，努力学习，尽量改变，一定会让自己和孩子的关系越来越好。

经常有读者给我留言说，你文中写的一些事，完全就是在我家发生的事。

这也是我写育儿文的初衷，育儿的路上，大家都是一把辛酸泪，我希望写大家有共鸣的事，用我自己的经验，和你们一起分享养育女孩路上的酸甜苦辣。

孩子是我们生命中最好的礼物，在我们拆开包装纸的那一刻，也就是一个"认筹"的仪式。这辈子，我们好好相处，相亲相爱。

这本书里，集结了我养育女孩的一些经验和方法，希望对你们有帮助，成为你们在迷茫时候的一束光亮。

养育女孩，我依旧在路上，让我们一起并肩前进。